Das Buch

Schluss mit Single über 40 ist ein Schritt-für-Schritt-Programm mit zielorientierten Ratschlägen für Frauen über 40, die die Hoffnung nicht aufgegeben haben, die wahre Liebe und die emotional erfüllende Beziehung zu finden. Humorvoll und witzig geschrieben, zeigt Nita Tucker, wie Sie - ohne sich zu verbiegen - hinderliche Blockaden auflösen und wo und wie Sie Ihren Traummann finden können.

Autorin

Nita Tucker, Psychologin und frühere Management-Trainerin, arbeitet seit vielen Jahren weltweit mit großem Erfolg als Single- und Paarberaterin. Ihre Seminare und Workshops in Europa und den USA haben inzwischen Tausende von TeilnehmerInnen genutzt. Nita Tucker tritt häufig in Radiosendungen auf und ist gern gesehener Gast in TV-Talkshows. Sie ist verheiratet und lebt in Santa Fe, USA.

Nita Tucker

SCHLUSS MIT SINGLE
ÜBER 40

Die Kunst, den richtigen Partner zu finden

© 2015 Reichel Verlag
Reifenberg 85, 91365 Weilersbach.
Tel. 09194 8900, Fax: 09194 4262
E-Mail: mail@reichel-verlag.com
www.reichel-verlag.de

© 2002 Nita Tucker
© How not to stay Single after 40
Published by arrangement with Three Rivers Press, New York
Crown Publishing Group
Alle deutschsprachigen Rechte beim Reichel Verlag, Weilersbach
Originaltitel: How not to stay single after 40
Übersetzt von Bernd Wollsperger und Gertraud Reichel

Lektorat Horst Christoph
Umschlaggestaltung: Katja Prechtl, Grafik Design, Nürnberg

ISBN 978-3-945574-28-7

Für Debra Feinstein,
die mit über vierzig
die Beziehung ihres Lebens fand

Mein Dank geht an

Doug Preston: dafür, dass Du mich stets ermutigt hast.
Ann Overton: mit Dir zu arbeiten, ist so leicht und macht
unheimlich Spaß. Du bist eine exzellente Schreiberin.
Harvey Klinger: mein Agent, der an mich glaubt.
Shaye Areheart: für die unermüdliche Unterstützung,
Ermutigung und dafür, dass Du mein größter Fan bist.
Meinen prachtvollen, liebevollen Gatten, Tony Tucker:
dafür, dass Du einfach so liebevoll und prachtvoll bist.

Mein ganz spezieller Dank geht an die vielen Frauen, die ihre
Geheimnisse mit mir teilten, besonders an Dawn, Debra, Nan,
Pat, Ann und Sharon.

Inhalt

Einführung

Dieses Buch ist für Frauen über vierzig, die sich nach einer liebe-vollen, leidenschaftlichen und erfüllenden Beziehung sehnen.

Es geht dabei nicht darum, irgendeine „adäquate" Beziehung zu finden, die „gut genug ist für jemanden in meinem Alter". Es geht um eine Beziehung, die jenseits deiner kühnsten Träume liegt und die auf ungeahnte Weise dein Leben bereichern kann. Es geht um eine Beziehung, die bis jetzt nur für die Jungen machbar schien oder nur für diejenigen, die sich Jugend leisten konnten.

Könnte dieses Buch deine Anziehungskraft steigern, damit du diese wahre Liebe findest (was es tut!), dann solltest du dir die Zeit nehmen, es zu lesen.

Das Besondere an diesem Buch ist, dass es Schritt für Schritt zeigt, was auf welchem Weg machbar und was an einer Beziehung über vierzig anders und besser ist. Statt ein verliebtes zwanzigjähriges Pärchen zu imitieren oder diese Zeit zwanghaft wiederholen zu wollen, seid einfach das, was dem Heute entspricht – ein verliebtes Paar von 45 Jahren. Wie klingt das?

Hört sich ziemlich deprimierend an? Wieso eigentlich? Warum sollte alles, was einmal wunderbar gewesen ist, vorbei und vergessen sein? Wenn ich Frauen fragte, welchen Unterschied sie zwischen der 25-Jährigen von damals und der von heute sehen, hörte ich ausnahmslos, dass sie jetzt viel mehr Selbstachtung und Selbstbewusstsein haben. Menschen über vierzig sind glücklicher mit sich selbst, viel ausgeglichener. Ihre Beziehungen zu anderen sind befriedigender. Sollte da eine Beziehung zwischen zwei so gereiften Menschen nicht viel besser sein?

Die Wahrheit ist: Bei dem Versuch, die Vergangenheit wieder zu beleben, werfen wir oft unsere über Jahre angesammelten Aktiva über Bord. Wir tun das, weil die Muster des Verliebtseins aus unserer Jugend (oder aus der Jugend anderer) stammen. Doch mit fünfzig wie mit zwanzig aussehen und sich entsprechend verhalten wollen, funktioniert nicht. Hast du mal Frauen beobachtet, die das versuchen? Eine sehr anziehende, schöne, sinnliche Frau mittleren Alters wirkt dann zwangsläufig nicht nur ziemlich albern, sie wird auch älter aussehen, als sie wirklich ist. Dasselbe gilt für eine Beziehung, die in ein unpassendes Korsett gezwungen wird: ihre natürliche Schönheit wird entstellt.

Ab vierzig wird's nur besser

Meine Freundin Martha, gerade fünfzig geworden, erzählte mir von dem neuen Mann in ihrem Leben: „Nita, was mir diese Beziehung gibt, habe ich noch nie erlebt." Erst war sie genau so nervös und aufgeregt wie damals, als sie jung und verliebt war, doch ihre Emotionen und ihre Art, sich auf einen anderen Menschen einzustellen, ließen sie ihr Selbst auf ganz neue Weise entdecken. Das verwundert nicht. Im Verlauf unseres Lebens haben wir uns weiter entwickelt, und es ist nur natürlich, dass unsere Beziehungen sich ebenso weiter entwickeln.

Wenn ich Frauen fragte, was an Beziehungen über vierzig besser sei, antworteten sie immer damit, was sie an sich selbst besser fanden. Ich bohrte weiter und fragte, welchen Vorteil sie denn aus ihrer neuen Beziehung zögen, und sie erklärten mir erneut, wie viel glücklicher sie mit sich selbst seien. Endlich begriff ich.

Mein Rat, ob man sich weiterhin mit einem Mann treffen soll oder nicht, ist immer: Spüre nach, wie du dich mit ihm fühlst. Fühlst du dich in seiner Gegenwart bewundert, respektiert, gehört und attraktiv, geh weiter mit ihm aus. Ich erkannte: In dem Maß, wie wir uns beim Älterwerden in unserer Haut wohler fühlen, sind wir auch viel selbstsicherer. Folglich genießen wir die Gegenwart eines anderen mehr und sind auch empfänglicher für seine Gefühle uns gegenüber.

Ich habe für dieses Buch viele Leute befragt, Männer und Frauen. Die Ergebnisse und Erkenntnisse aus diesen Gesprächen finden sich überall in diesem Buch. Die Männer zeigten dabei eine deutliche Vorliebe für Frauen über vierzig – und es waren ausnahmslos erfolgreiche Männer, für die es ein Leichtes gewesen wäre, 20- und 30-jährige Frauen für sich zu gewinnen. Eine der Fragen, die ich den Männern stellte, lautete: „Was gefällt dir an Frauen in dieser Altersgruppe im Vergleich mit jüngeren Frauen besonders?"

„Mir gefällt eine Frau mit ähnlichen Erfahrungen. Wir haben mehr Gemeinsamkeiten und können uns über Ideen mit ähnlichem Hintergrund und ähnlichem Zeitraum austauschen. Zudem finde ich, dass jüngere Frauen (ich war in jüngeren Jahren genauso) eher theoretisch als praktisch orientiert sind. Jüngere Menschen haben auf alles Antworten und scheinen deshalb engstirniger zu sein."

„Frauen in meinem Alter haben einen feineren Sinn für Humor. Ich scheine auf einer anderen Wellenlänge zu liegen als die jüngeren Frauen, mit denen ich ausgehe. Außerdem ist für mich eine Frau mit Lebenserfahrung und einigen bewältigten Höhen und Tiefen viel anziehender und attraktiver."

„Wenn du dir beim Gespräch und Gedankenaustausch eine gewisse Qualität wünschst, muss es einen vergleichbaren Hintergrund geben. Wenn ich mit jüngeren Frauen zusammen bin, fühle ich mich immer irgendwie verantwortlich. Ich habe den Eindruck, nicht auf derselben Stufe zu stehen, weil von mir erwartet wird, dass ich berate, forme und leite. Manche Männer mögen das, ich persönlich finde es ziemlich anstrengend."

„Ältere Frauen sind meiner Meinung nach weniger theatralisch und dramatisch; sie haben ein höheres Selbstwertgefühl. Sie sind eher mit sich selbst zufrieden. Ich finde Reife anziehend. Die Ruhe und Gelassenheit einer Frau, die sowohl innerlich als auch äußerlich auf sich achtet, ist sehr schön."

„Man verbringt weniger Zeit mit irgendwelchen Spielchen als früher und hat dafür mehr Zeit, das Zusammensein zu genießen. Entschuldigen Sie, wenn ich von Frauen wie von Objekten spreche, aber ich möchte eine ältere Frau mit einer reifen

Frucht vergleichen. Wenn eine Frucht unreif ist, ist sie hart, wenig einladend, nicht verletzbar. Ist sie reif, ist sie saftiger, süßer, weicher, reichhaltiger, nicht so rigide."

Und hier ein paar Selbsteinschätzungen von Frauen, die ich fragte, was sie an Beziehungen über vierzig besser fänden:

„Ich bin viel selbstsicherer. Ich habe mehr Selbstvertrauen, mehr Selbstbewusstsein. Also brauche ich nicht nach einem Mann suchen, der mir das gibt. Ich kann ich selbst sein. Ich passe mein Denken, meine Gefühle und Bedürfnisse nicht ständig dem Mann an, mit dem ich zusammen bin, nur um ihm zu gefallen." *(Ähnliche Aussagen machten ausnahmslos alle Frauen, mit denen ich sprach.)*

„Ich weiß, was ich will und hol es mir auch. Ich senke weder meine Maßstäbe noch opfere ich meine Integrität für einen Mann. Alles ist viel reiner und klarer."

„Ich sitze nicht auf dem Gefühlskarussell, auf dem ich mich immer drehte, als ich jünger war. Ich bin heute gelassener, heiterer und deshalb auch viel gegenwärtiger. Ich denke, es macht viel mehr Spaß, mit mir zusammen zu sein – und ganz sicher weiß ich, dass es MIR mehr Spaß macht."

„Als ich jünger war, glaubte ich immer, einen Mann zufrieden stellen zu müssen, um ihn zu halten und von ihm umsorgt zu werden. Jetzt kann ich einen Mann zufrieden stellen, weil ich ihn liebe, weil ich es möchte. Sex ist jetzt pures Vergnügen statt Mittel zum Zweck."

„Ich habe keine Angst, einen Fehler zu begehen, der alles zerstören könnte. Ich bin zuversichtlich, dass ich etwas in die Beziehung einbringe."

„Ich muss nicht irgendwelche bedeutenden, beeindruckenden Dinge tun, um mich davon zu überzeugen, dass ich eine gute Beziehung habe. Ich kann mit meinem Mann einen wunderbaren Tag beim Anschauen alter Filme verbringen."

Als ältere Frauen haben wir auch mehr Energie als früher, um in einer Beziehung zu „schwelgen". Obwohl wir heute vielleicht beschäftigter sind, hat sich die nötige Energie, um uns im Beruf oder als Mutter zu beweisen, verringert. Selbst Männer, die mit zwanzig oder dreißig intensiv an ihrer Karriere arbeiten, sind oft verfügbarer, wenn sie älter sind. Sie haben die Zeit, sich in der Verbindung mit einem anderen Menschen selbst zu entdecken und stellen sich viel besser auf das ein, was in einer Beziehung möglich ist. Oft sind sie von dem Bedauern motiviert, in jungen Jahren abwesend und unerreichbar gewesen zu sein, sie spüren jetzt, dass sie das Aufwachsen ihrer Kinder versäumt haben.

Obwohl ich mit zwei Kindern und meinem Beruf mehr denn je jonglieren muss, fühle ich mich in meiner eigenen Ehe heute gegenwärtiger und fähiger, im Moment zu verweilen. Ich meine damit nicht nur die Zeit, in der wir alleine sein können, sondern auch die alltägliche Kommunikation. Sie dreht sich weniger um das funktionale Zusammenleben, das Familienmanagement, sondern viel mehr um spontane Gedanken, Ideen und die inneren Aktivitäten von Verstand und Seele.

Der Wind hat sich gedreht

Vor dreißig, vierzig Jahren wäre das Unterfangen, ein Buch wie dieses zu schreiben, so absurd gewesen wie ein Handbuch für Heimarbeit am PC. Natürlich gab es auch damals allein stehende Frauen über vierzig, aber nur wenige, die ein solches Buch interessiert hätte.

In erster Linie wurden diese Frauen bedauert. Normalerweise war eine allein stehende Frau verwitwet, ein Status, über den sie, so wurde es erwartet, nie hinweg kommen würde. „Arme Anna. Sie hat gerade ihren Mann verloren. Sie ist nur noch ein Schatten ihrer selbst." War eine Frau geschieden, egal, aus welchem Grund, erging es ihr oft noch wesentlich schlechter. Vielleicht hatte sie ihren Mann betrogen oder hatte ein Alkoholproblem oder war einfach ein erbarmungswürdiges Opfer, das sich mit so einem Kerl dummerweise eingelassen hatte. Und als Opfer hatte sie auch die Opferrolle zu spielen. Denn wenn sie glücklich, zuversichtlich und attraktiv aussah, hatte sie sich die Sache ja selbst zuzuschreiben. „Unüberbrückbare Differenzen" waren kein legitimer Grund für die Auflösung einer Ehe – egal, ob im Gerichtssaal oder unter Freunden und in der Familie.

Ebenfalls verdächtig und noch geheimnisvoller war jemand, der weder geschieden noch verwitwet war. Etiketten wie *Junggeselle* und *alte Jungfer* waren gefürchtet und entwürdigend. Niemand wusste genau warum, aber ganz sicher stimmte da etwas nicht. Entweder war die Person schwachsinnig (mein einziger unverheirateter Verwandter war als Kind geistig zurückgeblieben) oder homosexuell (und damit eine furchtbare Schande, die es vor allen zu verstecken galt) oder, vielleicht das schlimmste Stigma, ganz einfach unerwünscht.

„Ältere Menschen" auf der Suche nach einer Partnerschaft wurden als Bürger zweiter Klasse klassifiziert, gestützt von dem unterschwelligen Gefühl, Liebe, Romantik, Flirten und Ehe seien ein Vorrecht der Jungen. Selbst Verheiratete wurden in Film und Fernsehen selten als leidenschaftliches Paar gezeigt.

Der Begriff *Single* kam erst in den späten siebziger Jahren auf. Zuvor war man Teenager, Schüler, Student oder jemand, der „ausging." Nach dreißig passte keine dieser netten Schubladen mehr, dann fiel man in die „Un"-Kategorie. Man war *un-verheiratet*, was unvollkommen, vielleicht sogar unerwünscht bedeutete. Das galt es zu verschweigen. Man war suspekt, und die Zukunftsperspektiven waren nicht gerade rosig.

Gott sei Dank haben sich die Zeiten geändert! Heutzutage sind mehr als 40% der erwachsenen Bevölkerung unverheiratet und es gilt als normal – in vielen Fällen sogar als beneidenswert – vierzig, fünfzig oder sechzig und Single zu sein. Leider aber hat das vermeintliche Stigma, „allein stehend" zu sein, überlebt und ist in kleinen Teilen der Bevölkerung immer noch lebendig. Dieses Stigma lebt auf zwei Ebenen – in deinen Eltern und in dir selbst. Mit deinen Eltern kann ich mich nicht befassen. Es hat mich genug

Nerven gekostet, mit meinen eigenen fertig zu werden. Aber in Kapitel 2 erfährst du, wie du diese veraltete, unproduktive und lästige Haltung überwinden kannst.

Meine früheren Bücher basieren alle auf persönlicher Erfahrung und wurden durch die Erlebnisse anderer, die meine Seminare besuchten, bereichert. Da ich mit 32 meinen Mann kennen lernte, musste ich mich bei diesem Buch auf Forschungsarbeit, Interviews und Beobachtung verlassen. Ich muss gestehen, ich war nicht besonders optimistisch, als ich mit dem Buch begann. Bei einem guten Freund heulte ich mich aus: „Ich bin jetzt fast fünfzig! Wie soll ich da, falls Tony etwas passiert, jemals wieder eine gute Beziehung finden? Jeder Mann, der mich interessiert, würde eine Dreißigjährige bevorzugen. Und ich könnte es ihm nicht mal verübeln."

Zum Glück ließ ich dieses dunkle, tiefe Loch schnell hinter mir – durch die Gespräche mit vielen Frauen über vierzig, die die „perfekteste Beziehung aller Zeiten" gefunden haben. Und jede, die das nachmachen will, kann das jetzt ebenso tun. Denn ich enthülle das Geheimnis dieser Frauen, wahres Glück zu finden, auch wenn sie gerade keinen Partner haben. Ich zeige euch das Geheimnis, wie ihr über vierzig die Beziehung eurer Träume finden könnt.

1

Das Geheimnis

Schon bevor ich mit dem Schreiben dieses Buchs begann, konnte ich all die Gründe aufzählen, warum Frauen über vierzig Schwierigkeiten haben, einen Partner zu finden. Hier eine Auswahl: Männer wollen jüngere Frauen und können sie auch bekommen.

Die äußere Erscheinung von Frau welkt und verblasst, wenn wir altern.

Männer wollen Frauen, die sie formen können.

Frauen sind zu unflexibel.

Männer sind zu unflexibel.

Alle guten Männer sind vergeben.

Selbstbewusste, unabhängige Frauen schüchtern Männer ein.

Was auch immer der Grund sein mag, im Endeffekt kommt immer das Gleiche heraus: Jeder Mann, an dem wir interessiert sein könnten, ist entweder schon vergeben oder nicht an uns interessiert.

Nachdem ich mehr als 17 Jahre Männern wie Frauen bei der Suche nach einer Partnerschaft helfen konnte, schmerzte es mich, diese Resignation zu erleben, die Frauen über vierzig auf der Suche nach einer befriedigenden, erfüllenden Beziehung befällt. Also versuchte ich herauszufinden, was diese Frauen tun müssten, um jedes mögliche Hindernis zu überwinden und denselben Erfolg zu haben wie Frauen mit zwanzig oder dreißig.

Zum Glück brauchte ich nicht lange, eine große Zahl von Frauen über vierzig oder fünfzig mit großartigen Partnerschaften zu finden und ihr Geheimnis zu entschlüsseln. Was wissen sie, was andere nicht wissen? Und: Ist dieses Wissen übertragbar?

Es überraschte mich nicht, dass keine der befragten Frauen die Ansicht vertrat, man müsse die eigene Kraft, den eigenen Standpunkt, die eigenen Bedürfnisse und Interessen einschränken, um einen Mann zu finden. Und obwohl jede dieser Frauen körperlich attraktiv war, sah keine wie zwanzig oder wie Sophia Loren aus – und manche waren nicht einmal besonders schlank.

Gleich zu Anfang entdeckte ich drei ganz spezielle Qualitäten, die all diesen Frauen gemeinsam waren. Und das Gute dabei ist, dass *jede* Frau diese Qualitäten kultivieren und übernehmen kann, denn sie sind wertvoll, wünschenswert und bewundernswert. Hier die drei Qualitäten, die frau braucht, um eine perfekte Partnerschaft zu finden:

1. Die Qualität, zutiefst zu spüren, dass du dich als Person *wirklich* magst, schätzt und respektierst – mit anderen Worten: ein hohes Maß an Selbstbewusstsein;

2. Die Qualität, dass man Spaß mit dir haben kann, dass du Freude am eigenen Leben hast und es Spaß macht, mit dir zusammen zu sein;

3. Die Qualität, echte Freude an deiner Sexualität zu empfinden – nicht als Mittel, um einen Mann anzuziehen oder ihm einen Gefallen zu tun, sondern als einen der tiefsten Aspekte und Freuden, ein Mensch und eine Frau zu sein.

Nach weiteren Gesprächen und tieferen Einblicken in das, was da wirklich vor sich ging, erkannte ich allerdings, dass diese drei Qualitäten nur die äußeren Manifestationen des *tatsächlichen* Geheimnisses sind, das all diese Frauen teilten.

Was aber ist dieses große Geheimnis? Ganz bestimmt nicht die Verwandlung in die banale Sex-Tussi, nach der so manche Typen auf der Suche sind. Eine solche Verwandlung mag leicht sein im Vergleich zu dem, was wirklich nötig ist:

17

Das Geheimnis, mit vierzig – und in jedem anderen Alter – eine ideale Partnerschaft zu finden, ist: die Frau zu sein, die du schon immer sein wolltest.

In den meisten Fällen heißt das, ein glücklicher, sicherer, großzügiger, liebevoller, vollkommener, sinnlicher und schöner Mensch zu sein. Manche Frau wird dieses Ideal erreicht und kaum Schwierigkeiten gehabt haben, eine wunderbare Liebe zu finden. Andere von uns waren schon mal auf dem Weg, dieser Mensch zu werden; doch wurde die Entwicklung durch eine fordernde Karriere, die Herausforderungen der Elternschaft oder eine erfolglose Ehe unterbrochen. Oder wir wurden durch Fehlschläge in früheren Beziehungen oder in anderen Lebensbereichen so verletzt, dass diese Ziele im Alltag verkümmerten.

Eines aber ist sicher: Keine Frau hatte jemals die Absicht, bitter, zynisch, misstrauisch, gefühlskalt, verhärtet und physisch erschöpft oder verbraucht sein. Trotzdem machen viele Single-Frauen über vierzig, denen ich begegne, einen kalten und verbitterten Eindruck. Sicherlich haben die meisten allen Grund, so zu sein, und sie sehnen sich danach, über die Fehlschläge und Widerwärtigkeiten zu sprechen, die sie zu dem machten, was sie heute sind. Doch diese Einstellung bringt nicht weiter. Männer interessieren sich weder für solche Frauen noch für ihre leidvollen Geschichten. Vor allem aber sind solche Frauen nicht mehr das, was sie einst auf ihrem Weg zum Sein waren – der warmherzige, liebevolle Mensch, der sie heute immer noch sein wollen und auch sein könnten.

Es ist ein Glück und nur natürlich, wenn du die Fährte von damals heute wieder aufnimmst. Du bist einfach nur ehrlich zu dir. Und all deine Umwege und Fehler könnten dabei von Vorteil sein. Schließlich haben nur sehr wenige Frauen mit zwanzig deine Erfahrungen. Du siehst, das „große Geheimnis" bedeutet nicht, dass du etwas tun musst, um einem Mann nachzujagen, ihm Fallen zu stellen und ihn schließlich einzufangen. Das Geheimnis ist, zu dir selbst zurückzufinden. Gelingt dir das, wird eine erfüllende Beziehung ein Extra-Gewinn sein, denn gewonnen hast du schon vorher.

Drei Schlüssel-Qualitäten

Da du jetzt das Geheimnis kennst, lass uns über die drei Schlüssel-qualitäten reden, auf die du dich konzentrieren und die du entwickeln musst, wenn du dir wünschst, eine wirklich ideale Partnerschaft zu finden und lebendig zu erhalten.

Bei einem Abendessen mit fünf Männern, die meine eigenen Anforderungen für einen „dicken Fang" erfüllten, sprach ich über diese drei Qualitäten. Ihre Antworten waren: „Bingo! Nita, da bist du auf Gold gestoßen. Das musst du deinen Frauen unbedingt erzählen. " Und: „Ich würde wahnsinnig gern mit Frauen meines Alters ausgehen, aber mit ihnen macht es keinen Spaß. Es macht mich krank zu spüren, dass eine Frau nur Sex mit mir hat, um meine Bedürfnisse zu befriedigen. Ich wünsche mir, dass auch sie Freude daran hat."

Über die drei Qualitäten habe ich seitdem mit mehr als hundert Männern gesprochen, und einhellig bestätigten alle, dass diese Qualitäten genau das ausmachen, was sie in einer Frau suchen.

Die Antworten von Single-Frauen über vierzig waren ebenso interessant. Die meisten Frauen reagierten beim Aufzählen der drei Qualitäten verlegen. Sie spürten, dass sie aufwachen und das Leben wieder genießen müssten, wenn sie einem Mann Freude bereiten wollten. Wie meine Freundin Claire sagte: „Als ich das gehört hatte, wurde mir klar, warum ich nicht ausgegangen bin. Ich habe die Typen beschuldigt, oberflächlich, narzisstisch und von Frauen eingeschüchtert zu sein. Aber in Wahrheit würde ich nicht mal mit mir selbst ausgehen."

Zeit und Energie zu investieren, um diese drei Qualitäten zu entwickeln, wird sich höchstwahrscheinlich nicht nur bei der Suche nach einer echten Beziehung auszahlen, sondern auch in deinem Alltag, selbst wenn dir der Mann deiner Träume nie begegnen sollte. Es ist ein Spiel, das du nicht verlieren kannst.

Qualität 1: Dich kennen lernen. Und mögen lernen

Die allererste Qualität auf der Suche nach einer erfüllenden Partnerschaft in jedem Alter sind deine Gefühle dir selbst gegenüber. Fühlst du dich glücklich, selbstsicher, zuversichtlich, ist dieses Gefühl ansteckend. Spielst du aber die „Ich-Warte-Darauf-Abgewiesen-Zu-Werden-Frau", spiegelt sich darin die Art und Weise, wie andere dich sehen. Und: Wenn du dich selbst nicht leiden kannst, wirst du wahrscheinlich auch nicht viel von einem Mann halten, der dich toll findet und wirst mit ihm auf lange Sicht keine erfüllende Beziehung leben können.

Ein gesundes Selbstbewusstsein bedeutet nicht nur, dich selbst zu lieben; es bedeutet auch, dass du dein Leben leidenschaftlich liebst, statt auf eine Beziehung zu warten, bevor du selbst aufgewacht und dein Leben zu leben begonnen hast.

Männer beschweren sich immer wieder darüber, wenn eine Frau ihr Leben völlig in die Hand des Mannes legen will. Sie wollen eine Frau, die von ihrem Leben begeistert ist und diese Freude und Begeisterung mit jemandem teilen möchte. Sie wollen keine Frau, die einen Mann sucht, der ihr Leben reglementiert. (Natürlich gibt es Männer, die bestimmen wollen, wie frau zu leben und was frau zu tun hat und die sie nach ihrer Vorstellung formen können. Aber an diesen Männern bist du sicher nicht interessiert.)

Geschiedene Frauen spiegeln diese Beschwerde oft, wenn sie erzählen, wie sie im Verlauf ihrer Ehe jeden Sinn für das eigene Selbst verloren haben. Um eine Beziehung lebendig zu erhalten, braucht man aber Stärke, sich durch die Liebe des anderen verändern und inspirieren zu lassen, was dem eigenen Wachstum und der eigenen Erweiterung zu Gute kommt – *ohne* sich dabei selbst zu verlieren. Du musst wirklich ein Gefühl der Sicherheit und des Wohlbefindens entwickelt haben, um jemand anderen in dein Leben einlassen zu können. Ich nenne es „du selbst zu sein" – und das ist die Grundlage für gesundes Selbstbewusstsein.

Mein Ehemann Tony und ich reisten nach Marokko, um dort meinen 40. Geburtstag zu feiern. Wir stiegen in Marrakech im La

Mamounia ab, einem früheren Art-deco-Palast, der heute ein Luxushotel ist. Viele Gäste sind Pariser, die über das Wochenende herüberkommen und den Großteil ihrer Zeit damit verbringen, sich am Pool zu sonnen – oben ohne. Obwohl wir die meiste Zeit damit verbrachten, Sehenswürdigkeiten zu besichtigen und die Wunder des Basars zu erkunden, landeten wir am späten Nachmittag oft am Pool. Und ich gestehe, dass mich die badenden Schönheiten mehr beeindruckten als Tony. Diese Französinnen waren weder jung noch versuchten sie, wie junge Mädchen auszusehen, aber sie besaßen wunderschöne, faszinierende Körper, jede Einzelne!

Am Tag meines Geburtstags deprimierte es mich mehr und mehr, die Parade dieser Frauen anzustarren. Hier stand ich: vierzig Jahre alt. Ich hatte mich 15 Jahre lang mit Diäten und Fitnessprogrammen herumgeschlagen, sah aber bei weitem nicht so aus wie eine dieser Frauen, noch hatte ich jemals so ausgesehen, und musste erkennen, dass ich auch nie so aussehen würde. Während ich mich mit jeder dieser Frauen am Pool verglich, entstand in mir das Gefühl, hässlich und wertlos zu sein. Und als ich mich weiter demütigte, wurde mein 40. Geburtstag kurzerhand zum übelsten Tag meines Lebens.

Dann begann ich mein Leben über den „Rand" meiner Körperform hinaus zu betrachten. Es dauerte nur einen Moment, bis ich mit Dankbarkeit für das Leben zu erfüllt war, das ich habe. Allein der Gedanke an meine Familie genügte, mich beschenkter zu fühlen, als ich je zu hoffen gewagt hatte. Dann dachte ich an den Reichtum meiner Freundschaften, an die durchlebten Abenteuer, an die Orte, an die ich gereist bin; ich dachte an die Beiträge, die ich für andere leisten durfte, an meine vielen (zumindest für mich) erstaunlichen Leistungen, an all die Freude, die ich erlebt habe und die Liebe, die ich jeden Tag erfahren darf. Überwältigt von diesen wundersamen Erfahrungen erkannte ich, dass ich vierzig herrliche Jahre gelebt hatte. Ich konnte gar nicht fassen, wie wunderbar, erfüllt und glücklich mein Leben gewesen ist.

Ich stellte fest, dass ich auf der positiven Seite der Bilanz, genannt „mein Leben", enormen Segen erfahren hatte, war aber bereit, all diesen Reichtum als wertlos zu erklären, nur weil ich sieben Kilo mehr wog, als mir lieb war! In dem Moment, in dem mich die Absurdität dieses Gedankens traf, erkannte ich auch, dass ich mein Leben nicht für mich selbst geführt hatte. Ich führte ein Leben, in dem ich etwas beweisen und andere beeindrucken musste. Meine Eltern waren längst tot, doch ich lebte in einem Haus ganz nach ihrem Geschmack, eines, das ihnen bewiesen hätte, wie gut ich meine Sache gemacht hatte. Meine Selbstverleugnung hatte sich auch auf manche Freunden und Kollegen übertragen, die, ohne es zu wissen oder gar etwas zu sagen, beeinflussten, wo ich lebte, welche Schulen meine Kinder besuchten, welche Kleidung ich als kultiviert zu betrachten hatte und so weiter. Ich konnte mich an nichts in meinem Leben erinnern, das nicht durch den Gedanken „Was denken die anderen darüber?" gefiltert worden war.

An diesem Punkt angekommen, schrie es fast aus mir heraus: „Wessen Leben ist das eigentlich?" Das war der Tag, an dem ich begann, mein eigenes Leben zu führen. Es war auch der Tag, an dem ich mich so akzeptierte, wie ich war. Es war der Tag, an dem ich anfing, mich *wirklich* zu mögen.

Einige Zeit später sah ich im Fernsehen ein Interview mit der Sängerin und Schauspielerin Bette Midler. Sie wurde gefragt, wie man sich in einer Umgebung fühlt, die von unglaublich schönen Frauen dominiert wird. Der Interviewer bat sie, sich im Vergleich mit all den schönen Frauen im Musikbusiness auf einer Skala von eins bis zehn zu bewerten. Ich erinnere mich nicht an die exakte Zahl, die sie nannte, aber es war eine Zahl am obersten Ende der Skala. Seitdem habe ich oft gedacht, dass dies die Antwort ist, die jede von uns geben sollte, nicht etwa, weil wir aufgeblasene Egos oder falsche Selbstbilder hätten, sondern weil wir uns unseres eigenen Werts und des Werts, den wir für die Menschen in unserem Leben besitzen, bewusst sind und ihn schätzen.

Qualität 2: Freude geben, Freude haben

Mir scheint, dass die Qualität, Spaß am Leben zu haben, bei Männern wie Frauen über dreißig so gut wie abgestorben ist. Ich kenne viele Menschen, die zufrieden und erfüllt sind. Ich kenne viele, die ihr Leben aus vollen Zügen genießen und große Freude aus Musik, guten Weinen, aus einem wundervollen Buch ziehen. Wenn ich Menschen frage, was sie tun, um Spaß zu haben, geht es normalerweise um Dinge zum Wohlfühlen, beispielsweise Sport treiben, Tagebuch schreiben oder kochen.

Auch mir gefällt es, Dinge zu tun, die mich befriedigen und mir gut tun, besonders, wenn ich sie dann von meiner Checkliste streichen kann – aber diese Erfahrung unterscheidet sich grundlegend vom Spielen und Spaß haben.

Erwachsene sind oft zu vernünftig, um Spaß zu haben, weil wir Spiel und Spaß damit verbinden, kindisch zu sein. Aber was ist falsch daran? Eine der Frauen, mit der ich mich unterhielt – sie ist über fünfzig und hat einen tollen Partner gefunden – ist ein Beispiel für solche Verspieltheit. Susan ist kultiviert und gediegen. Sie hat Geld, sie hat die Welt bereist, ist in den feinsten Häusern abgestiegen und ist an Komfort und ein gutes Umfeld gewöhnt. Jemand wie sie, die schon „überall gewesen" ist und schon „alles erlebt" hat, könnte ein durch und durch gelangweilter Snob sein – sie ist es aber nicht.

Susan hat nie Schwierigkeiten, die besten Männer zu finden, die mit ihr zusammen sein wollen. Ich weiß auch warum. Sie wollen aus genau demselben Grund mit ihr zusammen sein, wie ich es will: Susan ist der Hit. Sie hat ein Abo für die Oper, die sie leidenschaftlich gern besucht. Aber sie ist genauso schnell bereit, zum Zelten und Fischen zu gehen. Sie ist eine tolle Sportlerin. Sie ist zu fast jeder „Schandtat" fähig. Und das Beste an Susan ist ihre Begeisterung, ihr ansteckender Enthusiasmus, ihre Freude. Nichts ist alltäglich, wenn man mit Susan zusammen ist – weil sie wie ein kleines Kind vom Leben selbst begeistert ist. Susan hat eine Menge Spaß, und jeder in ihrer Nähe hat ihn ebenso.

Jetzt grummle nicht. Selbst wenn du über Jahre keine Freude mehr hattest – sie wird nicht lange auf sich warten lassen. Achte einfach auf zwei Sachen: erstens auf Dinge, die dir ganz natürlich Freude machen. Und zweitens auf all die anderen Tätigkeiten – besonders auf die, die du tun musst.

Auf dem Pferd reiten hat mir schon immer Freude gemacht. Meine Freunde reißen oft Witze über „das alberne Grinsen, das Nita just in dem Moment überkommt, in dem man sie auf ein Pferd setzt". Dabei ziehe keine „Show" ab oder trainiere für einen Wettbewerb oder übe einen bestimmten Stil, obwohl es mir gefällt, Stunden zu nehmen, so oft ich kann. Ich habe keine Ziele, keine Ambitionen. Ich reite, weil es mir Spaß macht und weil es mir gefällt. Ich reite seit vielen Jahren und es ist jedes Mal das Gleiche: Selbst wenn in meinem Leben alles andere schief läuft, ich kann nicht anders, als glücklich auf dem Pferderücken zu sein. Das ist auch so, wenn ich Ski fahre und Liebe mache – immer dann, wenn ich nichts außer den Empfindungen des Augenblicks wahrnehme.

Suche dir also etwas, was dir so viel gibt wie mir das Reiten, etwas, das außerhalb deines Kopfs und des Alltagskrams deines Lebens stattfindet. Und denk daran, es geht nicht darum, dass etwas „gut für dich" ist oder für deine Entwicklung. Es geht um die reine, unverfälschte Freude.

Als nächstes solltest du in allem, was du ohnehin schon tust, Spaß suchen, ganz besonders in den Dingen, die getan werden müssen. Es ist leicht, sich im Alltagsleben zu verstricken – arbeiten, Rechnungen bezahlen, Routinesachen erledigen – all die gewöhnlichen Dinge des Lebens regeln. Manchmal kann das Leben dann so beschwerlich erscheinen, dass sogar die Urlaubsplanung nur ein weiterer Punkt auf der „Ich-Muss-Liste" ist. „Freude" taucht auf der Tagesordnung überhaupt nicht auf. Der Grund dafür ist meist Vergesslichkeit. Wir vergessen nicht nur, dass wir Freude haben können, wir vergessen sogar, dass wir die Fähigkeit besitzen, dafür zu *sorgen,* dass Dinge Freude machen. Dafür braucht es nur eine kleine Änderung unserer inneren Haltung.

Ich gehe jeden Tag laufen oder mache irgendwelche Arten von Training. Laufen und Radeln sind kein Spaß für mich, auch wenn andere Spaß daran haben. Aber ich mag das Gefühl hinterher: die Gelassenheit und Zufriedenheit, die den Rest des Tages über anhalten – obwohl ich mich dreißig Jahre nie darauf gefreut habe, nach dem Aufwachen Laufen zu gehen. Trotzdem habe ich vier Marathonläufe mitgemacht und am Ende nicht nur das überwältigende Gefühl einer erbrachten Leistung gespürt. Ich habe sogar einen Weg gefunden, Spaß bei etwas zu haben, das nach den ersten paar Kilometern wie eine blöde Idee erscheinen mag. Ich stelle in 10-Kilometer-Intervallen jeweils einen anderen Freund auf, der von diesem Punkt an mit mir läuft. Sein/ihr Job ist nicht nur, mir Gesellschaft beim Laufen zu leisten, sondern allen Tratsch der letzten Wochen mitzubringen, um ihn mit mir auszutauschen. Ich kann gar nicht sagen, was für ein Riesenspaß die Marathonläufe inzwischen für mich geworden sind.

Beim letzten Marathon hatte meine Freundin Melissa die Ehre der letzten 10 Kilometer. Als sie sich mir anschloss, fragte sie nicht etwa „Wie geht´s?" oder „Alles okay?", sondern plapperte los: „Du glaubst gar nicht, was Laura Cheryl auf der Party letzte Woche erzählt hat." Das war das einzige Mal, dass mir beim Laufen vor Lachen fast die Luft wegblieb.

In meinen Gesprächen mit erfolgreichen Paaren sagten mir ausnahmslos alle, dass sie von Anfang an großen Spaß zusammen hatten. Doch du kannst nicht auf eine Beziehung warten, bevor du Spaß hast. Menschen wollen mit jemandem zusammen sein, der glücklich ist, mit dem man spielen kann, der sozusagen bereits am Ball ist. Es mag ja „cool" sein, das Leben blasiert zu betrachten oder zu erhaben zu sein, um die einfachen, albernen Dinge würdigen zu können, aber diese Haltung ist nicht gerade anziehend.

Besonders berührt hat mich die Aussage eines Mannes, der auf die Frage, was er an älteren Frauen nicht mag, antwortete: „Ich hab die Nase voll davon, für Dinge bestraft zu werden, die andere Männer getan haben." Nichts ist ein größerer Spaß-Dämpfer, nichts ist weniger anziehend als Zynismus und Bitterkeit. Diese zwei „Dämonen" werden wir in Kapitel 8 genauer behandeln.

Qualität 3: Sexualität genießen können

Welche Rolle die Sexualität auf der Suche und bei der Entwicklung einer dauerhaften Beziehung spielt, bespreche ich im 9. Kapitel ausführlich. Hier geht es mir darum zu zeigen, wie anziehend für Männer eine Frau ist, die mit ihrer Sexualität im Einklang steht und sie genießen kann. Ich spreche nicht davon, „verführerisch" oder um jeden Preis „sexy" zu sein.

Eine Frau, die ihre Sexualität genießen kann und Vergnügen daran hat, hat das, was sich Männer wünschen, ja ersehnen. Viele Frauen interpretieren das so, dass Männer unbedingt Sex wollen, was in gewisser Weise sogar stimmt. Richtiger aber ist, dass besonders Männer über 35 oder 40 keineswegs nur darauf aus sind, „flachgelegt" zu werden.

Im Gespräch und bei der Arbeit mit Tausenden von Männern stieß ich immer auf eine Qualität, die ihre Wirkung auf Männer nie verfehlt – nämlich mit einer Frau zusammen zu sein, die „angetörnt" ist und Vergnügen am Zusammensein mit diesem Mann hat. (Ein weiterer Punkt, der Männer wirklich anmacht, ist, einer Frau Vergnügen zu *verschaffen*.)

Nach meiner Erfahrung ist Sex ein Gebiet, in dem Männer selten Fehler machen. Mag sein, dass sie eine Art Rückmeldung oder Anleitung brauchen, aber ihre Absichten sind möglicherweise reiner als deine. Falls du eine Beziehung hattest, in der du Sex nur über dich ergehen ließest oder den Sex benutzt hast, um das zu bekommen, was du wolltest, oder nur deinen Partner zufrieden gestellt hast, hast du vielleicht etwas Nachholbedarf in diesem Bereich.

Diane erzählte mir, bei ihren sexuellen Erfahrungen spielten körperliche Empfindungen niemals eine Rolle. „Es wäre leicht, dies den Männern anzulasten und zu sagen, dass ich es nur mit Trotteln zu tun hatte. Das wäre unehrlich. Denn ausschlaggebend war mein Verhalten. Als ich als junges Mädchen anfing, Sex zu haben, befriedigte es mich, begehrt zu sein, mich attraktiv zu fühlen. Das war mir sehr wichtig. Ich dachte einfach, wenn ein Junge Sex mit mir wollte, würde er mich auch begehrenswert, liebenswert und schön finden. Heute ist mir völlig klar, dass Jungen in diesem Alter mit jeder Sex haben wollen. Doch wie wohl viele andere Mädchen befriedigte ich meine eigenen Bedürfnisse und Unsicherheiten durch das Verlangen eines Kerls. Ich bezweifle auch, dass ich damals körperlich und emotional reif genug war, Sex auf andere Weise genießen zu können, selbst wenn ich es versucht hätte. Deshalb wechselte ich ständig die Partner, und weil ich außerhalb von mir nach Selbstbewusstsein suchte, bekam ich nie genug davon. Als ich älter wurde, hatte ich zwar viele Erfahrungen, war aber in vielerlei Hinsicht noch Jungfrau. Einen Orgasmus hatte ich erst nach fünfzehn Jahren Sex."

In Sharons Ehe war Sexualität etwas, das sie praktizierte, um die Spannung zu mindern, die sich in zwei, drei Wochen aufgebaut hatte. „Ich kann meinen Mann nicht dafür verantwortlich machen, er wollte mich weiß Gott zufrieden stellen, aber ich wollte es einfach nicht zulassen. Wegen anderer Probleme in unserer Beziehung wollte ich ihm diese Befriedigung nicht gönnen oder mich dem Vergnügen „ausliefern". Nachdem ich das jetzt 20 Jahre so gelebt habe, kann ich mich nicht daran erinnern, dass Sex wirklich Vergnügen bringen kann. Um die Wahrheit zu sagen: Ich bin auch gar nicht daran interessiert."

Was Sharon beschreibt, trifft auf viele Frauen in den späten Vierzigern und Fünfzigern zu. Wenn ich Frauen sage, dass die Fähigkeit, Sexualität genießen zu können, eines der Geheimnisse für eine erfüllende Partnerschaft ist, höre ich oft: „Ich muss Sex genießen können? Ich glaube, ich kann das nicht." „Ich habe kein Interesse an Sex, aber vielleicht sollte ich daran arbeiten. " „Ich habe mein Interesse an Sex vor vielen Jahren verloren." „Sexualität ist für mich nicht mehr sehr wichtig." Und dabei erzählen mir alle Bücher, die ich über Sex gelesen habe, dies seien die besten Jahre einer Frau!

Vielleicht ist es nötig, das Thema Sexualität in deiner Vergangenheit aufzuarbeiten. Diese Arbeit lässt sich verkürzen, wenn du aufhörst, die Männer zu beschuldigen, und anfängst, deinen Anteil an dem Problem zu sehen. (Zu sagen, dein Anteil sei, sich die falschen Männer zu angeln, bedeutet immer noch, den Männern die Schuld in die Schuhe zu schieben.) Meiner Meinung nach haben die Frauen fleißig den Sex als Mittel zur Manipulation benutzt, um etwas anderes zu bekommen. So versäumten sie die Erfahrung, was Sex wirklich bieten kann. Doch dazu ist es nicht zu spät. Du musst nur die Neigung und Gewohnheit ablegen, Sexualität als ein Mittel zu benutzen, um etwas zu bekommen oder um zu manipulieren; und du musst erkennen, wie sehr du die Schönheit und Freude an der Sexualität missachtet hast.

An den „drei Qualitäten" schätze ich einen Punkt besonders: Du brauchst kein Repertoire an verführerischen Spielchen und Kunststücken; du brauchst einfach nur du selbst sein und das Leben und deine Sexualität genießen. Diese Qualitäten kannst du entwickeln und vertiefen. Was noch wichtiger dabei ist: In dem Maß, wie du diese Qualitäten zulässt und lebst, wird dein Leben reicher und befriedigender – mit oder ohne Partner!

2

Sag die Wahrheit

Für die meisten von uns passt der Begriff *Single* nicht zu einer Person über vierzig. Wir denken dabei eher an einen aus der Generation X, an einen Twen, vielleicht auch an nette Menschen Anfang dreißig. Irgendwie passt *Single* nicht für eine vierzigjährige Frau oder gar jemanden über fünfzig.

Dies wurde mir schon beim Schreiben meines ersten Buchs *(How not to Stay Single)* und in meinen Seminaren bewusst. Ich schrieb dieses Buch für allein stehende Menschen über dreißig und dachte, es gelte für Vierzig-, Fünfzig- oder Sechzigjährige gleichermaßen. Doch meine Seminare werden hauptsächlich von Menschen zwischen zwanzig und dreißig besucht, unter die sich ein paar Leute über vierzig und sehr wenige Fünfzigjährige mischen. Der Grund: Obwohl sich viele Leute höheren Alters nach einer Beziehung sehnen, vermuten sie, dass weder das Buch noch das Seminar für sie bestimmt sind. Sie hören das Wort Single, fühlen sich aber – obwohl es ihren Status eindeutig beschreibt – nicht angesprochen. Sie identifizieren sich nicht mit „Single"; sie denken, dass ich von anderen spreche.

In den 15 Jahren, in denen ich Seminare gebe, kommt oft am Ende eine Frau über vierzig auf mich zu, um mich auf ihren „höchst speziellen" Fall anzusprechen. Dieser Fall hört sich so an: „Ich war 21 Jahre verheiratet und bin frisch geschieden. Ich habe meinen Mann zu Beginn meines Studiums kennen gelernt und hatte seitdem keine Verabredung mehr. Ich habe keine Ahnung, was ich tun kann oder wie ich vorgehen soll. Ich weiß auch nicht, ob ich eine Beziehung will. Ich weiß nicht, ob das, was Sie gesagt haben, auch auf mich zutrifft, da meine Situation völlig anders ist."

Das *war* eine ungewöhnliche Situation – vor dreißig Jahren! Heutzutage jedoch ist sie so normal wie die einer 21-Jährigen, die einen Partner sucht. Bei den Scheidungen sind heute rund 55% der Geschiedenen über vierzig oder älter. Du bist also nicht alleine. Du kannst von den Erfahrungen anderer profitieren und musst das Rad nicht neu erfinden. Allerdings: Du musst dasselbe tun wie jemand um die dreißig, der noch nie verheiratet war – du musst ausgehen, Leute treffen, Kontakte pflegen. Du musst dich verabreden. Und ob du es glaubst oder nicht, das fällt einer 28-Jährigen genau so schwer wie dir. Ich verspreche deshalb nicht, dass ich dir die Rückkehr in die Dating-Szene erleichtern kann. Aber in Kapitel 6 werde ich klar sagen, wie es funktioniert – sogar in deinem Alter!

Wenn du also über vierzig oder fünfzig oder sechzig oder siebzig und daran interessiert bist, eine erfüllende, leidenschaftliche, tiefe Beziehung zu führen, dann ist dieses Buch für dich – nicht für deine Tochter, nicht für deine Nichte. Für *dich*!

Ich will eine Beziehung!

Der erste Schritt auf der Suche nach einer Partnerschaft ist einfach. Er besteht darin zuzugeben, dass du eine Beziehung *willst*, und das schließt die Gewissheit ein, dass es völlig in Ordnung ist, eine Beziehung zu wollen.

Die meisten Singles, besonders Frauen, müssen mit ihrer Verlegenheit fertig werden, wenn sie eine Beziehung suchen. Früher wurden Frauen ohne Partner als unvollständig angesehen. Heute gibt es die Gegenreaktion: Die Aussage, dass du eine Partnerschaft suchst, wird gelegentlich als „Bedürftigkeit", „Verzweiflung" und „Unselbstständigkeit" uminterpretiert. „Du willst eine Beziehung? Du scheinst mit dir nicht klarzukommen." „Du liebst dich wohl nicht genug, weil du jemanden brauchst, der dich liebt." „Frauen sollten lieber an ihrer Karriere oder anderen hohen Zielen arbeiten, als eine Beziehung zu suchen. Es wird ihren Qualitäten nicht gerecht, solch ein seichtes Ziel zu verfolgen." Wenn du also zugibst, du *möchtest* eine Beziehung, wird das zwangsläufig in „du *brauchst* eine Beziehung" übersetzt, ob du willst oder nicht.

Zudem musst du dich auch auf verlegene Reaktionen in deiner Umgebung einstellen, wenn du mit über vierzig „auf der Suche" bist. Carol, eine 54-jährige Freundin, teilte ihrem 30-jährigen Sohn mit, dass sie eine Partnerschaft eingehen wolle und beschlossen hatte, sich zu verabreden. „Es war, als hätte ich gesagt, ich wolle eine Karriere als Oben-ohne-Tänzerin beginnen! Einen so angeekelten Blick hatte ich bei meinem Sohn lange nicht mehr gesehen. Ich erinnerte mich deutlich: Es war derselbe Blick, den er als Neunjähriger draufhatte, als er sah, dass sein Vater und ich diese Sache machten, die Babys produziert. Er war böse auf mich, weil ich mich in meinem Alter allen Ernstes mit solch einem Unsinn abgab. "

So, wie den „zu jungen" ein bestimmtes Benehmen verboten wird, dürfen Frauen ab einem gewissen Alter keine Leidenschaft erleben oder flirten. Frauen fühlen sich meist genötigt zu beweisen, was für ein erfülltes, volles Leben sie geführt haben. Männer dagegen können in jedem Alter sagen, dass sie eine Beziehung wollen, ohne schief angesehen zu werden. Das ist kaum der Erwähnung wert und wird nicht ernster genommen als die Ankündigung, zukünftig Golf spielen zu wollen.

Als erster Schritt sollte dir also der Wunsch nach einer Beziehung klar werden. Vergiss dabei, was irgendjemand über dieses Thema zu sagen hat. Die Tatsache, dass du jemanden lieben und geliebt werden willst, hat nichts Peinliches. Es schmälert weder deine Leistungen noch die anderen Werte deines Lebens. Eine Beziehung zu wünschen, ist etwas sehr Intimes, sehr Persönliches und steht keineswegs im Widerspruch zu Beruf und Karriere. Die Qualitäten von Liebe und Getragensein, die eine Partnerschaft mit sich bringt, haben mich in meinem beruflichen Fortkommen wie auch in meinen zwischenmenschlichen Beziehungen sehr unterstützt. Egal, wie anspruchsvoll, befriedigend und erfüllend dein Beruf sein mag, er kann niemals den Platz in deinem Herzen und deiner Seele einnehmen, den eine Beziehung einnimmt. Erfüllung in einer Beziehung zu wünschen, dein Leben mit jemandem teilen zu wollen, ist deine Wahl. Wenn du das willst, sollte dich auch nichts davon abhalten, es zu bekommen.

Wenn du also eine Beziehung willst, hör auf, verlegen zu sein und dich zu rechtfertigen, nur weil du dir etwas ganz Natürliches, Normales wünschst. Wenn du aber keine Beziehung willst, ist das genauso völlig in Ordnung. Meine Frage ist dann nur, warum verschwendest du deine Zeit damit, dieses Buch zu lesen?

Hier ein paar Antworten von Frauen, die ich fragte, ob sie eine Beziehung wollen: „Ich weiß nicht, ob ich wirklich eine Beziehung will, ich habe mich schon so daran gewöhnt, allein zu sein." „Meine Ehe hat mich für jede Beziehungsfähigkeit ruiniert, aber ich dachte, ich lese dieses Buch für alle Fälle." Hier meine Lieblingsantwort: „Ich lese das Buch nur für meine Tochter (Freundin, Schwester oder Friseurin)." Die Wahrheit ist aber wohl: Du hast nicht resigniert. Und darüber bin ich froh, denn ich weiß, dass du das bekommen kannst, was du willst.

Nochmal: Wichtig ist, dass dir dein Wunsch nach einer Beziehung nicht peinlich ist, denn Verlegenheit behindert deine Fähigkeit, eine zu finden. Wenn du eine Wohnung suchst, ziehst du wahrscheinlich alle verfügbaren Register. Du wirst deine Freunde bitten, nach Anzeigen in der Zeitung und im Internet zu suchen. Du könntest zu einem Makler gehen oder selbst ein Inserat aufgeben. Wäre dir diese Situation peinlich, würde dich das wahrscheinlich davon abhalten, alle verfügbaren Möglichkeiten zu nutzen – und das würde die Auswahl und Effizienz auf der Suche nach einem guten Platz zum Leben stark einschränken.

Wenn du aber glaubst, der Wunsch nach einer Beziehung sage nichts Peinliches oder Negatives über dich aus, nutzt du wahrscheinlich die besten Möglichkeiten. (Apropos – genau wie bei der Wohnungssuche gibt es entsprechende Hilfsmittel bei der Partnersuche. Es würde mich nicht überraschen, wenn die Single-Industrie eines Tags noch größer und vielfältiger wäre als das Immobiliengeschäft.)

Frauen begründen mir ihre Beziehungslosigkeit oft mit zu hohen Erwartungen. Sogar ihre Freunde beklagen sich, sie seien zu pingelig. Meine Antwort überrascht sie meist, hilft ihnen aber auch nicht aus der Patsche. Ich sage ihnen nämlich, dass sie durchaus pingelig sein und zu ihren hohen Erwartungen stehen sollten. Meine Güte! Du hast doch nicht an dir gearbeitet, bist durch all die Abenteuer, Lehren und Erfahrungen deines Lebens gegangen und hast ein volles Leben geführt, nur um jetzt alles für irgendeinen Typen hinzuschmeißen, der dich langweilt, Chaos ins Haus bringt und dir nicht die geringste Anerkennung zeigt. Im Gegenteil, ich hoffe, dass du deine Maßstäbe extrem hoch ansetzt. Ich bin überzeugt: Wenn das Zusammensein mit jemandem dein Leben nicht um ein Vielfaches bereichert, dann lass es. Es ist allemal besser, alleine zu sein, als zu wünschen, du wärest es.

Wissen, was du willst

Was suchst du in einer Beziehung? Wenn ich das frage, höre ich normalerweise zuerst das, was frau *nicht* sucht – und das ist meist alles, was in der letzten Beziehung schief gelaufen ist. Wiederhole ich die Frage, wird mir eine Liste von Eigenschaften präsentiert, die ein Mann zu erfüllen hat, in der Regel eine Liste seichter Anforderungen, wie Größe, Gewicht, Beruf, Religion, An- oder Abwesenheit von Gesichtsbehaarung oder finanzielle Aspekte.

Ich will das, was du in einem Mann suchst, nicht schlecht machen, doch das beantwortet meine Frage nicht: Was erwartest du von einer Beziehung?

Bei Gesprächen über die Frage, was Beziehungen über vierzig besser mache, antwortete mir jede Frau, sie wüsste, was sie wolle und bekäme es jetzt auch. Keine einzige sagte etwas über die Farbe seiner Augen. Stattdessen sagten alle, dass sie mit einem Mann zusammen sein wollten, der sein eigenes Leben führt, seinen eigenen Interessen nachgeht, statt sich von einer Frau abhängig zu machen, um ein erfülltes Leben zu führen. Sie wollen gar nicht unbedingt einen Mann, dessen Interessen sie uneingeschränkt teilen, sondern einen, der „sein Leben lebt". Die befragten Frauen wünschten sich einen Mann, von dem sie sich bereichert und unterstützt fühlen, einen Mann, der Karriere und Hobbys ermutigt und – ganz wichtig – die Beziehungen zu Freunden und Familie mitträgt. Sie wollten einen Mann, der mit ihnen zusammen sein möchte, der weder eifersüchtig ist noch all ihre Zeit beansprucht. Sie sehnten sich nach Qualitäten wie Aufrichtigkeit, Fähigkeit zu Intimität und Nähe und wünschten sich, sein Leben, seine Gedanken und Träume zu teilen.

Wenn du also pingelig sein willst, was ich sehr empfehle, dann brauchst du die größtmögliche Auswahl von Männern, mit denen du dich triffst und unter denen du wählen kannst. Und um mit vielen Männern ausgehen zu können, musst du noch viel mehr Männer treffen, weil du kaum mit jedem Mann, der dir begegnet, ausgehen wirst. Du musst jede sich dir bietende Gelegenheit nutzen, und das funktioniert nur, wenn du dich nicht für das schämst, was du willst.

Das klingt nicht unbedingt ermutigend, aber die gute Nachricht ist: Als erstes musst du begreifen, dass du, wenn du eine Beziehung suchst, sie auch finden kannst. Ich meine damit keinen neuen „Begleiter", sondern wahre Liebe und Leidenschaft, eine Beziehung, für die es lohnt, sich einzusetzen, zu kämpfen – eine Partnerschaft, besser als jede, die du bisher erlebt hast.

Es ist deshalb nötig, die Bühne zu betreten. Denn wenn du über deine Möglichkeiten nur *hinter* der Bühne grübelst, die Wetter- und Konjunkturprognosen studierst, die Konkurrenz analysierst und die Regeln des Spiels diskutierst, wirst du älter und älter – und das wird das einzige sein, das sich ändert.

3

Die Tatsachen sehen

Bevor du konkrete Schritte gehst, um dich auf die Suche nach einem Partner zu machen, musst du lernen, mit dem Thema klar zu kommen. Denn es ist anders, sich in unserem Alter zu verabreden. Obgleich viele Dinge besser sind, gibt es auch viele Nachteile und Einzelheiten, die du dir bewusst machen solltest.

Tatsache 1: Einfach ist´s nicht.
Und keiner hat Lust auf das Spiel

Frauen sagen mir oft, sie wollten zwar eine Beziehung, hätten aber überhaupt nichts für die „Ausgeh-Szene" übrig. Das sei einfach nicht ihr Ding, sie fühlten sich in diesem Umfeld nicht wohl. Was für eine geniale Perspektive! Die Wahrheit ist, *niemand* hat Lust auf dieses Spiel; niemand fühlt sich toll dabei oder denkt, dass es sich um eine Mordsgaudi handelt. Ich habe bisher noch von keiner gehört: Oh, eine Verabredung, wie schön! Nichts, was ich lieber täte, als mich aufzutakeln, einen Fremden zu treffen und mich von ihm binnen 30 Sekunden beurteilen und zurückweisen zu lassen. Oder, noch besser, den Abend mit jemandem zu verbringen, der mir vorheult, wie sehr ihn seine Ex abgezockt hat und ob es mir etwas ausmacht, die Rechnung für das Abendessen zu zahlen!

Die einzigen Menschen, von denen ich weiß, dass ihnen ein Blind-Date Spaß machen könnte, sind verheiratet und hatten seit zehn, zwölf Jahren keine Verabredung mehr. Sie glauben, man hätte dabei jede Menge Romantik und „Action" zu erwarten, in Wahrheit aber haben sie vergessen, wie es war.

Eine Beziehung ohne Verabredung haben zu wollen, ist gleichbedeutend mit dem Wunsch, ohne Arbeit bezahlt zu werden. Es ist schon in Ordnung, diesen Wunsch zu hegen, aber er ist unrealistisch. Wo wir schon über Bequemlichkeit sprechen: Viele Frauen sind nicht bereit, ihre „Sicherheitszone" zu verlassen, was so viel heißt wie: sie wollen nichts unternehmen, bei dem sie sich unbehaglich fühlen. Soweit ich mitreden kann, bedeutet Bequemlichkeit, in lockerer Kleidung zu Hause ein Video anzusehen oder ein Buch zu lesen und dabei etwas zu knabbern. Das bedeutet Bequemlichkeit, und fast alle anderen Unternehmungen sind ungemütlich. Wenn du also auf eine behagliche, gemütliche Verabredung bestehst, bevor du einen Versuch wagst, wird sie nie stattfinden.

Für mich war es alles andere als lustig, einen Partner zu finden. Kein einziges Mal war mir danach, auszugehen und neue Männer kennen zu lernen. Kein einziges Mal! Aber genauso wie ich jeden Tag meine Gymnastik durchziehe, zwang ich mich, drei Mal die Woche auszugehen. Das bedeutet Disziplin. Du fragst, war es das wert? Willst du mich auf den Arm nehmen? Ich denke nie an diese grausigen Verabredungen zurück oder an den Schmerz der Ablehnung. Das ist wohl dem ähnlich, was ich über Geburten gehört habe: Irgendwie vergisst man über dem Staunen und der Liebe zum Kind den Schmerz.

Tatsache 2: Du musst aktiv werden

Eines der größten Hindernisse bei der Partnersuche ist die Vorstellung, dass du nichts dazu beitragen müsstest. Eine verbreitete Weisheit besagt, dass man dann jemanden kennen lernt, wenn man es am wenigsten erwartet und nicht sucht, sondern auf etwas völlig anderes konzentriert ist. Das ist ein völliger Trugschluss, ein Mythos, ein Märchen. Mag sein, dass so etwas als Stoff für romantische Romane und Filme taugt, aber die Realität sieht anders aus.

Vor Jahren ging in den USA eine Harvard/Yale-Studie durch alle Zeitschriften und Fernsehsendungen. Das Ergebnis der Studie war so schockierend, dass es in derselben Woche die Titelseiten von *Time* und *Newsweek* zierte. Hauptaussage war, dass eine Frau über vierzig größere Chancen hätte, von Terroristen entführt als geheiratet zu werden. Diese Nachricht stürzte einen guten Prozentsatz von Frauen nebst deren Müttern in tiefe Depression und machte aus meinem ersten Buch einen Bestseller. Trotz gestiegener Verkaufszahlen konnte ich die Schlussfolgerungen der Studie nicht recht glauben, machte mich an die Arbeit und las die vollständige Studie durch. Dort fand ich wichtige Informationen, die die Medien einfach übergangen hatten. Die Studie führte aus: *Wenn eine Frau keinerlei Maßnahmen ergriff*, um einen Partner zu finden, und nur darauf wartete, dass etwas geschehen würde, würden ihre Chancen auf eine Heirat tatsächlich gegen Null tendieren.

Trotzdem hält sich die Idee, dass tolle Beziehungen „per Zufall" zustande kommen, und dieser Irrglaube hindert dich daran, einen Partner zu finden. Erfolgreiche Verkäufer sprechen nicht davon, dass ihre Gelegenheit kommt, „wenn die Zeit reif ist". Banker oder Börsenmakler werden kaum berichten, sie fänden die besten Möglichkeiten zur Kapitalanlage, während sie „gar nicht danach suchten". Führungskräfte überlassen den Erfolg ihres Unternehmens nicht einfach dem „Zufall". Trotzdem glauben viele Menschen genau derselben Personengruppen, eine Beziehung würde einem „zufallen", auch wenn sie sich nicht auf dieses Ziel konzentrieren. Das ist auch der Grund dafür, weshalb so viele Leute, die im Berufsleben erfolgreich sind, im Liebesleben keinen Erfolg haben.

Dass Planung, Beharrlichkeit, Zeit und harte Arbeit erforderlich sind, wenn wir es zu etwas bringen wollen, verstehen wir, denken aber, dies sei bei der Suche nach einer Beziehung nicht nötig. Wir sind fasziniert von der Idee, dass das Schicksal uns zur richtigen Zeit an die richtige Stelle setzt, um unserer großen Liebe über den Weg zu laufen. Wir denken, wenn es uns „vorbestimmt" ist, werden wir jemanden treffen, während wir mit dem Hund Gassi gehen oder eine falsche Telefonnummer wählen.

Einfach nichts zu unternehmen, um jemanden kennen zu lernen, funktioniert ganz gut, solange man jung ist. Unbemerkt ereignete sich in unserer Schulzeit eine ungeheure Menge sozialer Kontakte. Zudem waren die meisten Menschen, denen wir begegneten, gleich alt und allein stehend. Um jemandem zu begegnen, musstest du dich lediglich zeigen. Selbst das Lernen bot Gelegenheit, soziale Kontakte zu pflegen. (Warum hast du dich zum Lernen in die Bibliothek gesetzt? Weil es dort so ruhig war?) Du hast von morgens bis abends neue Leute kennen gelernt und, siehe da, als du es am wenigsten erwartetest und mit etwas ganz anderem beschäftigt warst, materialisierte sich auf magische Weise eine Beziehung.

Heute gehst du zur Arbeit, kommst nach Hause und fragst dich, warum sich Beziehungen nicht genauso spontan ergeben wie sie sollten. Du wartest auf den Tag, an dem du eine Nachricht auf deinem Anrufbeantworter vorfindest: „Hallo, ich bin der Eine. Bitte ruf mich schnell zurück." Oder vielleicht ist ja der Briefträger der Froschkönig, auf den du gewartet hast! Wenn du dir dein bisheriges Leben genau anschaust, muss es sich ja fast so abspielen.

Ein weiterer Punkt, weshalb sich Beziehungen früher scheinbar leichter entwickelten, ist, dass du ihnen weniger Bedeutung zugemessen hast als heute. Du warst offener. Du sagtest nicht von vornherein: „Ich kann doch nicht mit jemandem aus dem Englischkurs ausgehen! Es könnte schief gehen, und dann sitzen wir bis zum Ende des Semesters zusammen." Sich auf einen Kaffee zu treffen hieß, sich auf einen Kaffee zu treffen, aber nicht, darauf zu hoffen, den Rest des Lebens nie mehr allein zu sein. Kein Wunder, dass sich Beziehungen auf diese Art „zufällig" ergaben.

Natürlich sind wir fast alle Romantiker. Unsere Kultur lehrt uns, dass Liebe etwas Magisches sein sollte und nichts, das wir steuern müssten. Jede von uns kennt ein oder zwei Menschen, auf die das zutrifft, und schon bekommt dieser Mythos neue Nahrung. Doch während du darauf wartest, dass dir das Schicksal jemanden vorbeischickt, verbringst du viele Nächte auf ziemlich unromantische Art, nämlich allein. Mag sein, dass du es nicht gern hörst, aber es ist – rein statistisch – eine Tatsache, dass zu Hause bleiben und nichts zu unternehmen kein besonders erfolgreicher Weg ist, um Menschen kennen zu lernen.

Ist denn die Art, *wie* du jemanden triffst, wirklich so wichtig? Ist es nicht viel wichtiger, dass deine Beziehung romantisch und magisch ist, *nachdem* du jemanden getroffen hast? Wir vergessen meist, dass viel von der Romantik einer Beziehung in der *Geschichte* zu finden ist, weniger in den Umständen. Bist du erst einmal verliebt, wird sich die Tatsache, dass ihr euch durch ein persönliches Inserat kennen gelernt habt, genauso romantisch anhören und ein weiterer Bestandteil deines Mythos werden.

Also: Du musst ausgehen und etwas unternehmen – nicht erst, wenn dir danach ist, nicht erst, wenn du Zeit dazu hast, nicht erst, wenn du etwas Gewicht verloren hast oder dein Haar ausgewachsen ist – sondern JETZT.

Tatsache 3: Verabredungen und eine Beziehung finden sind ab vierzig anders

Wenn Menschen vierzig sind, wird eine Partnerschaft kaum von dem Instinkt getrieben sein, eine Familie zu gründen und eine gemeinsame Existenz aufzubauen. Mit vierzig haben sich die meisten Menschen längst im Beruf etabliert und haben wahrscheinlich Kinder, was sie oft irgendwie auf diese beiden Lebensaspekte begrenzt. Es wird ihnen zum Beispiel nicht mehr so leicht fallen umzuziehen oder auch nur die gleichen Termine wie die Person zu haben, mit der sie sich treffen. Das nötige „Angleichen" von Leben kann also mit 48 viel komplizierter sein als mit 25.

Neben all den anderen Schwierigkeiten, eine Beziehung aufzubauen und die Hindernisse zu Nähe zu überwinden, ist normalerweise noch viel mehr an „Logistik" zu regeln. Eine meiner Freundinnen verliebte sich vor kurzem in einen Mann, der von ihr aus gesehen auf der anderen Seite des Landes lebt. Dabei haben sie Glück, denn beide müssen beruflich viel von Küste zu Küste reisen. Obwohl sie in derselben Stadt leben könnten, macht es ihnen Freude, den anderen am eigenen Zuhause, an der Familie und dem lieb gewonnenen Umkreis, dem sie sich verbunden fühlen, teilhaben zu lassen. Meine Freundin war mehrere Wochen lang nicht in ihrer Wohnung gewesen und hatte bei ihrem Freund gelebt. Als sie dann mitsamt Freund zurückkehrte, rannte sie den ganzen Tag in ihrem Haus herum, hantierte mit ihren Sachen und beanspruchte ihren eigenen Platz. Ihr Freund sah es und bemerkte trocken: „Dir gefällt es sehr in deinem Zuhause, stimmt´s?" Selbst wenn also die „Logistik" einigermaßen leicht zu handhaben ist, bereitet es immer noch Schwierigkeiten, eine weitere Person zu integrieren.

In unserem Alter eine Beziehung wachsen zu lassen, ist es etwas anderes, und so sollte es auch sein. Ganz sicher hat sich in den letzten zwanzig Jahren deines Leben etliches ereignet; Neues ist entstanden und hat sich entwickelt. Alle sprechen ständig über den Ballast, den Menschen mit in ihre Beziehungen einbringen. Ich weiß eigentlich nicht, warum man hier die negative Bezeichnung „Ballast" wählt. Für mich bedeutet „Ballast", dass dieser Mensch gelebt und geliebt, Erfahrungen, Probleme, Situationen und Beziehungen angesammelt hat. Ich bin der Meinung, dass das gut ist. Ein Mann, der sein Leben gelebt hat, bevor er mich getroffen hat, ist viel interessanter als einer, der auf mich gewartet hat, damit ich ihn aus seinem Dornröschenschlaf wecke.

Mir gefällt es, wenn mir eine Frau von ihrer neuen Beziehung erzählt und wie sich alles verzögert, weil der Mann soviel „Ballast" mit sich herumschleppt, den er erst „loswerden" muss. Ich bin immer wieder neugierig zu erfahren, wie das denn gehen soll. Mit Hypnose? Durch eine Hirnresektion? Ich rate Frauen, die einen Mann ohne „Altlasten" möchten, sich mit einem Zwölfjährigen zu verabreden, denn andernfalls ist die Lage ziemlich hoffnungslos. Und, nebenbei bemerkt, wie viele von euch sind frei von eigenen „Altlasten"?

Es ist nicht nur anders, sich in unserem Alter zu verabreden und einen Partner zu finden, es sollte auch besser sein. Wie bei einem guten Wein entfalten sich Bukett, Geschmack und all die Feinheiten erst im Laufe der Zeit.

Tatsache 4: Im Alter und beim Altern sind Frauen im Nachteil

Während ein 50-jähriger Mann sich durchaus mit einer 35-Jährigen verabreden kann, ist das Gegenteil nicht so üblich. Eine Frau über fünfzig, die sehr viel jünger aussieht, berichtet von ihrer Verabredung mit einem 56-jährigen Mann. Dieser erzählt ihr von einigen seiner früheren Blind-Dates und sagt lachend: „Du wirst es kaum glauben, aber meine Freunde wollten mich tatsächlich mit einer Fünfzigjährigen verkuppeln! Was denken die sich eigentlich?" Er fand die Idee, mit einer so alten Frau auszugehen unvorstellbar.

Kürzlich war ich mit meinem Mann auf einer Party. Während wir tanzten, sah Tony sich die anderen Paare auf der Tanzfläche an und flüsterte: „Sieht aus, als wären hier eine Menge alter Säcke mit jungen Frauen unterwegs." Ich sah mich um, und was ich sah, bestätigte seine Beobachtung. Ich sagte zu Tony, falls mir etwas passierte, würde er sich genauso nach einer viel jüngeren Frau umsehen. Er war sich da nicht so sicher: „Warum sollte ich mich deiner Meinung nach mit einer so jungen Frau verabreden?" Ich antwortete: „Weil du es könntest."

Es stimmt im Allgemeinen, dass Männer in erster Linie nach einer gutaussehenden Frau suchen. Und in der überwiegenden Zahl der Fälle sehen Frauen eben besser aus, solange sie jung sind. Natürlich verändert sich das Aussehen mancher Menschen mit zunehmendem Alter zum Positiven, und es gibt viele Männer, die ein reiferes Aussehen bevorzugen, aber die Mehrzahl mag junge, frische und straffe Körper. Nicht nur, dass für viele Männer das Visuelle ausschlaggebend ist, eine solch knackig-süße Trophäe verschafft ihnen auch Egopunkte ...

Als ich Tony sagte, dass er durchaus so ein junges Herzchen abbekommen könnte, erhellte sich seine Miene. „Tatsächlich? Könnte ich das? Kannst du mir auch sagen wie?" Das war ziemlich lustig (ungefähr eine Sekunde lang), aber was Tony an dieser Vorstellung erregte, war eher das zu erwartende Prestige, er könnte mit einem dieser jungen Dinger gesehen werden, und nicht der Gedanke, was für eine wundervolle Beziehung er mit einer so jungen Frau führen könnte (zumindest hat er mir das so gesagt).

Sara, eine 52-jährige attraktive, allein stehende Künstlerin, die nie irgendwelche Probleme hat, Einladungen zu bekommen, erzählte: „Es fällt mir leicht, mich zu verabreden. Nur habe ich vor Jahren gelernt, Männern nie mein Alter zu verraten." Diese Aussage beunruhigte mich. Ich dachte immer, Lügen über das Alter wären peinlich und lassen dich, wenn du dich jünger machst, älter erscheinen, als du bist. Zudem meine ich, dass Lügen und Täuschung in einer Beziehung nichts zu suchen haben. Dies alles sagte ich Sara, und sie antwortete, dass sie bisher genauso gedacht hätte. Dabei sieht sie wirklich ausgesprochen gut aus und fühlt sich wohl in ihrer Haut; doch ihre Erfahrung war, dass ein Mann, sobald er ihr Alter hört – selbst ein Mann, der älter ist als sie – lieber davon Abstand nimmt, sich mit ihr ernsthaft zu verabreden!

Die meisten von uns werden dies nicht gern hören – ich sicher auch nicht – aber das ist die Wahrheit. Doch es gibt Wege, mit dieser Wahrheit umzugehen. Einer wäre, aufzugeben und ins Kloster zu gehen. „Es wäre dumm, an eine Verabredung auch nur zu denken. Alle Männer, an denen ich interessiert bin, möchten eine Zwanzigjährige, und die Männer, die an mir interessiert sind, sind so alt, dass sich mein Leben in das einer Altenpflegerin verwandeln würde. Nein danke. Mir geht's alleine ganz gut."

Freilich ist dieses „Gejammer" nicht nur unoriginell, sondern auch unproduktiv und selbstzerstörerisch. Es mag stimmen, dass Frauen ab einem gewissen Alter bei der Partnersuche eher benachteiligt sind, aber ich habe viele Frauen über vierzig gesehen, die das Geheimnis kannten, wie dieses so genannte Hindernis zu überwinden ist. Die vorhin erwähnte Frau, die die Verabredung mit einem Mann hatte, der nicht im Traum daran dachte, mit einer Fünfzigjährigen auszugehen, hat jetzt eine tolle Beziehung zu einem Mann in den Fünfzigern. Er ist gutaussehend und erfolgreich, aber, was viel wichtiger ist, er ist ein großartiger, anständiger Mann, der, wie er mir sagte, keinen Gedanken mehr daran verschwenden würde, weder mit einer Dreißig- noch mit einer Zehnjährigen auszugehen. Und dabei weiß er, er hätte die Wahl.

Was ich aus dieser und den anderen „Erfolgsstories" von Frauen über vierzig lernte:

Männer, die eine Beziehung zu einer Dreißigjährigen anstreben und Egopunkte sammeln wollen und brauchen, wollen keine Beziehung mit dir – und die Männer, die diese Art von Beziehung haben müssen, willst auch du nicht.

Da ist nichts, worüber man jammern müsste, es ist vielmehr zu begrüßen. Schlecht daran ist nur, dass dir das Gejammer eine zusätzliche Entschuldigung verschafft, untätig herumzusitzen, statt eine Partnerschaft zu finden. Und das ist ein wichtiger Hinweis auf das größte und am schwierigsten zu überwindende Hindernis – *Ablehnung*.

Tatsache 5: Auf der Suche nach einer Partnerschaft musst du einiges an Ablehnung ertragen

Das wirst du gar nicht hören wollen. Du hasst es, abgelehnt zu werden und möchtest einen Weg finden, das zu vermeiden. Meine Antwort ist: „*Den* Weg hast du schon gefunden." Menschen organisieren ihr Leben so, dass sie Ablehnung vermeiden – normalerweise dadurch, dass sie sich nicht in den Vordergrund drängen.

Spreche ich mit Singles über die Notwendigkeit, dass man ausgehen und Menschen treffen muss, um einen Partner zu finden, ist die Antwort meist: „Ich hab keine Zeit." Ich glaube zwar nicht, dass mir da jemand etwas vorlügen will, aber das nehme ich keinem ab. Außer es handelt sich um Frauen, die schon morgens um 5 Uhr joggen und Gewichte heben, bevor sie die Kinder wecken, zwei Ladungen Wäsche waschen, Pausenbrote schmieren und dann zur Arbeit gehen. Bekanntlich delegiert man, wenn etwas erledigt werden muss, dies am besten einer viel beschäftigten Person. Ich kaufe also keinem ab, dass er zu beschäftigt ist, um unter Menschen zu gehen.

Deshalb die schlechte Nachricht zuerst: Wenn du eine Partnerschaft suchst, führt kein Weg an Ablehnung vorbei. Du wirst sie hinnehmen müssen – wieder und wieder und wieder. Das liegt in der Natur der Sache. Die gute Nachricht: Du kannst lernen, mit Ablehnung besser umzugehen und sie mit viel weniger Schmerz zu durchleben, als du denkst.

Weniger als 3% der Menschen in meinen Seminaren glauben, dass ihre Persönlichkeit schon bei der ersten Verabredung richtig rüberkommt. Wahrscheinlich gehörst du also zu den 97%, denen das nicht auf Anhieb gelingt. Die Regel ist deshalb, dass du zurückgewiesen werden wirst, obwohl die andere Person nicht einmal weiß, wer du bist. Also ist die Ablehnung, die du erfährst, nicht persönlich gemeint, du wirst aus allen möglichen Gründen zurückgewiesen. Wir alle haben oberflächliche und persönliche Kriterien, um andere zu beurteilen. Wenn du merkst, dass der Grund, weshalb er dich nicht angelächelt hat, deine Haarfarbe ist, oder er jedes Interesse an der Unterhaltung verloren hat, weil er sieht, dass du rauchst, wie könntest du das persönlich nehmen?

Hast du erst mal verstanden, wie willkürlich die meisten Gründe für eine Ablehnung sind, wirst du nicht mehr so viel Zeit damit verbringen, dich davon erholen zu müssen. Die meiste Zeit, die wir damit verwenden, uns auf unsere emotionalen Wunden zu konzentrieren oder zu analysieren, was da passiert ist, ist vergeudete Zeit. Du musst über eine Zurückweisung so schnell wie irgendwie möglich hinwegkommen. Erinnere dich, du musst eine Menge Leute treffen, um den zu finden, der der Richtige für dich ist. Du hast hohe Maßstäbe, und genau so sehen das auch die anderen. Und viele Leute werden dich eben nicht mögen. Es bringt nichts, unbedingt wissen zu wollen, warum jemand dich nicht mochte. Du musst einfach darüber hinwegkommen und zum Nächsten gehen.

Wichtig ist aber zu erkennen, *dass* du zurückgewiesen wurdest, denn das ist nicht immer eindeutig. Ein Mann wird so gut wie nie sagen: „Ich will nicht mit dir ausgehen, weil ich dich nicht ausstehen kann." Er wird eine Ausrede erfinden: „Ich muss meine Steuererklärung machen." – „Ich bekomme Besuch von Verwandten."

Über den Daumen gepeilt würde ich sagen: Wenn er keine Zeit für dich hat, betrachte dich als zurückgewiesen. Taten sprechen hier mehr als Worte. Der zweifelhaften Möglichkeit nachzuhängen, es könnte ja sein, dass er in ein paar Monaten Zeit hat, bringt dich dem, der dich nicht mag, nicht näher – es wird nur die Begegnung mit dem Mann verzögern, der etwas für dich empfindet.

Wäre er interessiert, würde er sich Zeit nehmen. Wenn Cindy Crawford oder Demi Moore mit ihm ausgehen wollten, glaub mir, er würde einen Aufschub für seine Steuererklärung beantragen und seine Verwandten dazu bringen, den Abend für sich selbst zu sorgen.

Das musst du wirklich begreifen, denn nur von der Hoffnung zu leben, ist unproduktiv. Ich kenne so viele Geschichten von Frauen, die mir erzählten, dass es einen Mann in ihrem Leben gäbe, der aber gerade mit einem wichtigen Projekt beschäftigt sei und sie sich sehen würden, sobald es abgeschlossen ist. Das kann doch nicht wahr sein! Weißt du, wie viele dieser Geschichten in einer echten Beziehung endeten? Keine. Und wenn diese Geschichte deiner ähnlich sein sollte, geh inzwischen aus und treff dich mit anderen Männer. Jetzt!

Der Knackpunkt ist: Wenn sie nicht interessiert sind, sagen sie das nicht direkt. Sie handeln so wie du handeln würdest, wenn du nicht mit jemandem zusammen sein möchtest – du hast keine Zeit.

Sobald klar ist, dass du zurückgewiesen wurdest, musst du wissen, wie du mit dem Schmerz umgehen kannst. Ablehnung tut weh, und das Gegenteil zu behaupten hilft auch nicht. Es gibt aber eine feine Grenze zwischen dem Schmerz einer Zurückweisung und darin, sich im Schmerz zu suhlen. Menschen, die zurückgewiesen wurden, vermeiden es dann oft, sich wieder zu öffnen. Sie nehmen Abstand von Beziehungen und analysieren, was „falsch" gelaufen ist. Jede Verabredung, jeden Telefonanruf müssen sie gedanklich durchgehen, um zu begreifen, was da passiert ist, wann es passiert ist, welche Fehler passiert sind. Doch der Großteil ihrer Analyse ist zwecklos.

Du willst wissen, was schief gelaufen ist, was eigentlich passiert ist? Er mochte dich nicht. Du weißt selbst: Zuneigung ist einer der Schlüssel für eine erfüllende Partnerschaft. Also komm darüber hinweg. Such nicht nach versteckten Rätseln. In Partnerschaften ist es wie beim Reiten, wenn du herunterfällst, musst du einfach wieder aufsteigen.

Ein anderer häufiger Fehler ist, die Zurückweisung zu rechtfertigen, um dem Schmerz auszuweichen. Ich habe schon zu viele Frauen sagen hören: „Ich hab zu viel Power und das schüchtert Männer eben ein." Ich halte diese Einschätzung für nicht besonders nützlich. Sie wird dich in der Nacht nicht wärmen.

Den größten Fehler, den man in Bezug auf Ablehnung machen kann, ist, zu versuchen, sich selbst zu ändern, um nicht mehr zurückgewiesen zu werden. Ich persönlich hatte mehr Verabredungen ohne nachfolgende Treffen als irgendeine sonst, mit der ich gesprochen habe. Ich glaube, ich habe jede denkbare Form von Ablehnung erfahren. Also war es für mich ganz klar, dass ich etwas falsch machte. Meine Lösung hieß Veränderung. Ich würde die alte Nita durch ein neues, verbessertes, unablehnbares Modell ersetzen.

Als erstes bat ich meine Freundinnen um Rat und Analyse. Sie sangen mir das alte „Du-hast-zu-viel-Power-und-schüchterst-Männer-ein"-Mantra. Das half mir auch nicht besonders weiter. Also bemühte ich mich, einige der Männer aufzufinden, die mich zurückgewiesen hatten. (Es ist übrigens interessant, wie schwer es ist, einen Mann zu finden, der dich zurückgewiesen hat; sie sind förmlich von der Oberfläche verschwunden.) Ich befragte sie ausführlich zu dem Thema. Sie sagten etwas wie: ich sei „laut und aufdringlich". Faszinierend – und eine etwas andere Variante von „zu viel Power und einschüchternd".

Es schien also ziemlich klar, dass Männer „laut und aufdringlich" nicht mögen. Also beschloss ich, mehr Zurückhaltung an den Tag zu legen. Diesen Vorsatz umzusetzen, war ungefähr aussichtsreich wie der eines zwei Meter großen Basketball-Hünen, klein und zierlich zu werden. Und selbst, wenn ich geschafft hätte, jemand anderes zu werden, hätte das nicht mein Problem gelöst. Was ich wirklich tun musste war, jemanden zu finden, der „laut und aufdringlich" mochte. Zugegebenermaßen gibt es da nicht allzu viele Männer, doch glücklicherweise musste ich nur EIN entsprechendes Exemplar finden.

Eine Frau, eine meiner Seminarteilnehmerinnen, hatte ein einzigartiges Problem. „Ich verdiene viel Geld", sagte sie. „Mein Einkommen entspricht dem der oberen fünf Prozent. Ich bin erfolgreich, stelle aber fest, dass Männer nicht damit umgehen können. Sogar Männer, die selbst sehr viel Geld verdienen, mögen es nicht, wenn eine Frau zu erfolgreich ist. Was soll ich tun?" Ich gab ihr den Rat, mir ihr ganzes Geld zu schenken. Aber im Ernst: Ich konnte ihr nur zustimmen. Vielen Männern fällt es schwer, mit sehr erfolgreichen Frauen zusammen zu sein. Ich erinnerte sie daran, dass sie nur den Einen suchte, der das konnte. Noch am selben Abend kamen viele Männer auf sie zu und wollten mit ihr über das Thema sprechen. Warum also solltest du einen großartigen Teil von dir aufgeben, nur um einen Partner zu finden? Wer würde eine solche Beziehung wünschen?

Einmal, bevor ich meinem späteren Mann Tony begegnete, hatte ich die Nase von Ablehnung derart voll, dass ich fast aufgab. Ich sagte mir das, was du dir wahrscheinlich auch gesagt hättest: „Was tu ich da eigentlich? Das ist ja furchtbar. Außerdem habe ich großartige Freunde. Ich brauche keine Beziehung. Mir geht es alleine sehr gut. Ich gehe überhaupt nicht mehr aus." Alles gute Argumente. Meine Mitbewohnerin stimmte mir zu. Sogar ich glaubte das eine Zeit lang. Doch nach ein paar Tagen dämmerte es mir. Ich dachte: „Wenn ich jetzt aufgebe, lebe ich den Rest meines Lebens vermutlich allein."

Also stieg ich wieder aufs Pferd. Innerhalb weniger Wochen traf ich einen Mann, den ich sehr mochte. Wir gingen mehrere Wochen miteinander aus und ich dachte: „Das könnte es sein." Dann verbrachten wir ein unglaubliches schönes Wochenende beim Skifahren und ich war mir sicher, er wäre „der Eine". Das Wochenende muss auch für ihn der Wendepunkt gewesen sein. Am Sonntag wurde unser idyllischer Ausflug jäh unterbrochen, als er mir seinen

Beschluss mitteilte, wieder zu seiner Ex-Freundin zurück zu gehen. Ein einziger Gedanke schoss mir durch den Kopf: „Gib auf!"

In dieser Nacht war ich total niedergeschlagen. Ich wusste, ich müsste wieder mit jemand anderem ausgehen und jemand Neues treffen, aber jetzt war mein absoluter Tiefpunkt erreicht. Ich war so deprimiert, dass ich nicht mehr in mein Bett kriechen wollte, ich wollte mich am liebsten darunter verkriechen.

Irgendwie schaffte ich es, mich anzuziehen, herzurichten und aus dem Haus zu gehen. Ich erinnerte mich selbst daran, dass ich irgendwohin gehen musste, wo ich Menschen treffen konnte, nicht in ein ruhiges Restaurant, wo ich in einer dunklen Ecke sitzen und meine Trauer in einer Diät-Cola ertränken würde. Halbherzig wählte ich eine Bar im Ort. Das war die Nacht, in der ich Tony kennen lernte.

Als ich Tony traf, konnte ich aus einer anderen Perspektive auf meine Beziehungen zu anderen Männern zurückblicken. Ich musste viele Menschen kennen lernen, um ihn zu finden, wirklich viele. Aber zurückblickend erkannte ich, dass jeder der Männer, die mich zurückgewiesen hatten, mir einen Dienst erwies, weil mich jede Ablehnung des Falschen einen Schritt näher an den Richtigen brachte. Hätte ich aufgegeben, als es zu sehr wehtat, hätte ich einen Schritt vor dem Ziel kapituliert. Die Versuchung aufzugeben war groß, aber hätte meine Enttäuschung die Oberhand gewonnen, hätte ich die Liebe meines Lebens verpasst.

Übrigens gibt es eine sehr effektive Methode, Ablehnung zu handhaben, aber sie ist nichts für Zartbesaitete. Wenn dir wirklich jemand gefällt und du denkst, dass diese Person dich aus den falschen Gründen zurückgewiesen hat, dich beim näheren Kennen lernen aber nicht zurückweisen würde, dann weise die Ablehnung zurück!

Wenn Menschen dich zurückweisen, erwarten sie, dass du weinerlich und pathetisch wirst und vor ihren Augen zusammenbrichst. Sie erwarten alles, nur keine zuversichtliche Reaktion. Wenn du ihnen aber sagst, sie würden einen Fehler begehen und du wüsstest, du würdest ihnen gefallen, wenn sie mehr Zeit mit dir verbrächten, bringt sie das aus dem Konzept. Selbstbewusstsein wirkt anziehend. Und sie werden noch mal darüber nachdenken und dir vielleicht eine zweite Chance geben.

Genau das tat Tony, nachdem ich entschieden hatte, er sei nicht mein Typ und folglich seine Bitte nach einer zweiten Verabredung ablehnte. Anstatt meine Ablehnung zu akzeptieren, rief er mich wieder an und lud mich erneut ein. Als ich ihn später fragte, warum er das getan hatte, sagte er, dass er mir eine zweite Chance geben wollte. Tony mag still und schüchtern sein, doch er ist sehr selbstbewusst. Und als er mir diese Antwort gab, war ich beeindruckt.

Ja, ich höre dich schon sagen: „Niemals. Das könnte ich nie tun." Aber: Wenn du den über 90% der Leute in meinen Seminaren ähnlich bist und nicht auf Anhieb einen guten ersten Eindruck hinterlässt, wirst du genau das tun müssen. Falls dir wirklich jemand gefällt und du meinst, diese Person wird ihre Meinung ändern, sobald sie dich besser kennt, warum nicht das Risiko eingehen? Was hast du zu verlieren? Schließlich handelt es sich um jemanden, der dich schon zurückgewiesen hat.

Beziehung ist keine „sichere Sache" – sicher ist sie nur, solange sie dich nicht berührt. In dem Moment, in dem du dich berühren lässt, verlässt du sicheres Terrain, weil du verletzlich wirst. Doch nur an diesem Punkt ist eine wirkliche Partnerschaft möglich. Du kannst nicht erwarten, auf sicherem Boden zu sein, bis es funktioniert. Du kannst nicht sagen „Ich werde so lange keine Nähe zulassen, bis ich weiß, dass er der Richtige ist." Denn der einzige Weg herauszufinden, ob er wirklich der Richtige ist, besteht darin, ihn an dich heranzulassen.

4

Mach keine halben Sachen

Ein bekannter Refrain von Frauen über vierzig ist: „Ich bleib lieber alleine, als mich mit weniger zufrieden zu geben, als ich will. Ich bin zu pingelig. Ich habe hohe Maßstäbe, und das ist der Grund, warum ich keine Beziehung habe."

Mit dem ersten Teil dieser Erklärung stimme ich voll überein. Du solltest dich nicht mit weniger begnügen und deine sehr hohen Maßstäbe beibehalten. Auch ist es wichtig, pingelig zu sein. Das ist aber nicht der Grund, weshalb du keine Beziehung hast.

Wenn wir daran denken, uns auf eine Beziehung einzulassen, glauben wir normalerweise, eine Beziehung, die eindeutig nicht „das Gelbe vom Ei" ist, sei besser als gar keine. Natürlich ist es ist gut, einen Begleiter, einen Gefährten zu haben, nicht die „einsame" Frau auf der Party zu sein. Es ist wunderbar, Freunde und besonders männliche Freunde zu haben und mit ihnen etwas zu unternehmen. Doch darum geht's mir hier nicht. Mit geht es nicht um die Art Beziehung, in der du dich mit jemanden abgibst, bis der „Richtige" auftaucht. Das sieht nach einer sinnvollen Lösung aus, aber in Wirklichkeit hindert dich eine „Lückenbüßer"-Beziehung daran, den zu finden, nach dem du wirklich suchst.

Meine Freundin Gale traf sich mit Larry, einem tollen Typen, den sie kurz nach ihrer Scheidung kennen gelernt hatte. Nachdem sie einige Monate lang mit ihm zusammen war, fragte ich sie, ob es das Wahre sei. Leider sollte sich unser folgendes Gespräch in den nächsten sieben Jahren mehrmals wiederholen: „Er ist ein wunderbarer Mann, aber ich glaube nicht, dass ich ihn heiraten möchte. Er ist klug, erfolgreich, freundlich, kommt großartig mit den Kindern zurecht, auch im Bett ist es gut mit ihm. Es gibt nichts, was bei ihm nicht stimmt. Doch ich spüre das gewisse Etwas nicht, das meiner Meinung nach da sein sollte, um ihn heiraten zu wollen.“

Als wir dieses Gespräch zum dritten Male führten, sagte ich ihr, wenn sie es jetzt noch nicht fühlte, würde sie es vermutlich nie fühlen und es wäre besser, Schluss zu machen. Sie verdiente mehr und, um ehrlich zu sein, verdiente auch Larry mehr, obwohl er verrückt nach ihr war. Ich meine damit, dass er eine verdiente, die genauso verrückt nach ihm war. Aber Gale konnte ihn nicht loslassen. „Es gibt nichts, was bei ihm nicht stimmt. Vielleicht fühlt sich Liebe in unserem Alter so an. Vielleicht fühlt man diese Leidenschaft nicht mehr, dieses Wissen, dass du mit diesem einen Menschen zusammen sein und den Rest deines Lebens verbringen möchtest?“ Wie deprimierend!

Jahr um Jahr redete ich auf sie ein. Ich sagte, auch wenn Larry ein toller Typ sei, müsste sie nicht zwangsläufig etwas finden, das mit ihm nicht stimmte, um zu rechtfertigen, dass sie ihn nicht heiraten wollte. Gale schob das Thema Ehe weiter vor sich her. Sie fragte: „Woher weißt du, dass du jemanden heiraten willst? Vielleicht hat meine erste Ehe jeden Wunsch auf eine neue Ehe zerstört.“ Und ich sagte ihr das, was ich vielen anderen auch gesagt habe: Wenn sie sechs bis zwölf Monate mit einem Mann zusammen sei und immer noch nicht wisse, ob sie ihn liebe und mit ihm zusammen sein wolle, solle sie es bleiben lassen. (Zu diesem Zeitpunkt war sie bereits fünf Jahre mit ihm zusammen.) Doch sie konnte die Bequemlichkeit, die Sicherheit, seine Gegenwart nicht loslassen. Schließlich gab Larry nach sieben Jahren auf. Er beendete die Beziehung; er wusste, dass er mehr wollte und es mit Gale nicht haben konnte.

Zuerst war sie am Boden zerstört. Nie zuvor hatte ich sie so verzweifelt gesehen. Aber bald begann sie, sich wieder zu verabreden und binnen sechs Monaten machte sie ein Freund mit Paul bekannt. Es dauerte keine Woche, bis sie zu Paul Gefühle entwickelte, die sie Larry gegenüber nie erlebt hatte. Sie wusste es, er wusste es, und vier Monate später heirateten sie. Es war ein freudvolles Ereignis. Sie sind eines glücklichsten verheirateten Paare, die ich kenne, und inzwischen seit sechs Jahren zusammen.

Ich musste es Gale nicht erst unter die Nase reiben, dass ich das vorausgesehen hatte, denn sie kam zu mir, um ihr Bedauern auszudrücken. Natürlich war sie sauer auf sich selbst, dass sie sich so lange mit „halben Sachen" begnügt und damit selbst betrogen hatte. Aber hauptsächlich tat es ihr um die Zeit leid, die sie Larry genommen hatte. Glücklicherweise ist auch er inzwischen mit einer tollen Frau verheiratet.

„Ich weiß, wir können Vergangenes nicht ungeschehen machen und Larry ist auch kein Opfer, aber Nita, du solltest das alles in deinem nächsten Buch bringen, damit andere aus meinen Fehlern lernen können. "

Wenn ich Menschen sage, wie wichtig es ist, wirklich bereit und offen zu sein, um eine Beziehung zu finden, ernte ich normalerweise viel Zustimmung. Und sie ärgern sich, dass es so viele Leute gibt, die nicht wirklich „zu haben" sind, sich aber verabreden und vorgeben, zu haben zu sein. Sie haben Angst, das ahnungslose Opfer einer solch verabscheuungswürdigen Person zu werden. Sie wollen einen Rat, wie man Leute, die nicht wirklich verfügbar sind, erkennt und durchschaut, damit sie sie links liegen lassen können.

Dann frage ich zurück, ob sie selbst für eine Beziehung verfügbar sind. Manchmal reagieren sie dann leicht defensiv: „Natürlich bin ich offen dafür. Ich suche einen Partner. Ich bin bereit, den richtigen Menschen zu finden. Ich besuche doch dieses Seminar, oder?"

Lass uns mal testen, was du denkst. Die folgenden Geschichten stammen von Leuten aus meinen Seminaren. Welcher von diesen vier ist deiner Meinung nach wirklich verfügbar?

Geschichte 1: „Ich warte nur darauf, dass mir der Richtige über den Weg läuft, aber ich werde meine Zeit nicht mit jemandem vergeuden, der nicht das hat, wonach ich suche. Er muss finanziell unabhängig sein, darf nicht rauchen, muss gut in Form sein, Sinn für Humor und nichts dagegen haben, wenn ich Zeit mit meinen Freunden verbringe. Zeig ihn mir, und ich werde die Chance beim Schopf packen und mich auf ihn einlassen."

Geschichte 2: „Ich weiß, dass er mich noch nicht liebt. Aber wir haben eine schöne Zeit zusammen, und er zeigt Interesse. Er würde nicht mehr mit mir ausgehen, wenn ich ihm nicht gefiele. Im Grunde glaube ich, dass er sich davor fürchtet zuzugeben, wie sehr er mich mag. Wenn ich dran bleibe und dafür sorge, dass er sich sicher fühlen kann, werde ich ihn bestimmt rumkriegen. Sollte ich bis dahin einen Besseren finden, beende ich die Sache."

Geschichte 3: „Ich habe mir etwas vorgemacht, aber jetzt ist mir sonnenklar, dass er seine Frau nie verlassen wird. Ich liebe ihn und weiß, er liebt mich ebenfalls, aber die Sache mit uns hat keine Perspektive. Deshalb möchte ich jemand anderen kennen lernen. Ich bin bereit, mich zu verabreden, aber nur, wenn jemand Spezielles meinen Weg kreuzt, zumindest jemand, der meine Bedürfnisse befriedigt."

Geschichte 4: „Ich hoffe, dass mir der Richtige über den Weg läuft. In der Zwischenzeit ist das Single-Dasein aber auch einsam, deshalb treffe ich mich mit diesem anderen Mann. Er ist nett und süß und mag mich wirklich. Ich weiß, er würde gern mehr daraus machen, und manchmal habe ich ein schlechtes Gewissen, weil ich ihn anmache. Aber ich hab ihm die Wahrheit gesagt: Es gibt für unsere Beziehung keine Zukunft. Ich betrachte ihn als Freund, mit dem ich ins Bett gehen kann. Wenn ich einsam bin oder einen Begleiter brauche, ist er für mich da."

Diese vier Frauen haben eines gemeinsam – untereinander und mit der Mehrheit der Single-Frauen: Sie denken, sie seien verfügbar, aber in Wirklichkeit sind sie's nicht. Sie besuchten mein Seminar in der Hoffnung, es würde ihnen helfen, Leidensgenossinnen zu finden. Doch es war ein schmerzliches Erwachen zu erkennen, dass ihre eigene Unverfügbarkeit sie daran hinderte, die Art Beziehung zu finden, nach der sie sich sehnten.

Die vier Geschichten stehen für typische Situationen, die mir Seminarteilnehmerinnen am häufigsten schildern. Lass uns untersuchen, was diese Frauen nicht wirklich verfügbar macht.

Nummer 1 sucht nach dem perfekten Mann, wird ihn aber nie finden. Es fällt nicht schwer, sich das vorzustellen: Selbst wenn sie wie durch ein Wunder jemanden treffen würde, der ihre unmöglichen Kriterien erfüllt, würde er ihren Idealvorstellungen dennoch nicht gerecht werden.

Du solltest dir klarmachen: Wenn du keine Lust hast auszugehen und neue Leute kennen zu lernen oder Zeit mit irgendjemandem zu verbringen, der nicht „perfekt" ist – dann bist du nicht verfügbar.

Die übrigen drei Geschichten handeln von Frauen, die nicht verfügbar sind, weil sie schon Beziehungen haben. Eine Sackgassenoder „Nirgendwohin"-Beziehung zu leben, ist der häufigste Grund, der Menschen daran hindert, jemanden zu finden, mit dem sie eine echte Beziehung führen könnten. Deshalb werden wir dieses Phänomen im Detail untersuchen.

Wenn du in einer Sackgassenbeziehung steckst, bist du nicht verfügbar. Das ist ungefähr so: Der Sitz neben dir im Bus ist belegt, niemand wird sich neben dich setzen. Ich weiß gar nicht, wie viele Leute ich schon kennen gelernt habe, die darauf bestanden, allem gegenüber „offen" zu sein – obwohl sie in eine Beziehung verstrickt waren, die nirgendwohin führte. Sie lernten jedenfalls niemand Neuen kennen, bevor sie nicht mit ihren Sackgassenliebhabern Schluss gemacht hatten.

Es gibt diverse Arten von Beziehungen, die nirgendwo hin führen. Viele Frauen, z. B. die in Geschichte 2 und 3, sind mit Leuten zusammen, die nicht verfügbar sind. Bist du aber mit jemandem zusammen, der nicht verfügbar ist, kannst du jede Hoffnung begraben, dass sich seine Situation ändern und bewegen wird. Bei so einer Person zu bleiben, ist fast die Garantie dafür, dass du niemanden finden wirst, mit dem du eine wirklich befriedigende Partnerschaft führen kannst.

Gehst du mit jemandem aus, der verheiratet ist, sabotierst du dich gleich doppelt, weil diese Beziehung nichts dazu beiträgt, dass du dich in deiner Haut wohl fühlen kannst. Du nimmst keine besondere, keine einzigartige Stelle im Leben deines Liebhabers ein. Es handelt sich eher um die zweitbeste, zweitplatzierte Position auf den Nebenrängen. Keine Position also, um dich in deiner Rolle oder in dir selbst besonders wohl zu fühlen. Zudem bin ich ein großer Befürworter der Ehe. Du unterstützt offensichtlich nicht die Institution Ehe, wenn du eine auf irgendeine Weise untergräbst.

Die Frauen, die mit einem verheirateten Mann ausgehen, rechtfertigen sich oft mit dem Argument: „Die Ehe war schon kaputt" oder „Er bleibt nur wegen der Kinder bei ihr." Es ist kein Ausdruck von Liebe, mit jemandem zusammen zu sein, dessen Integrität dadurch beschädigt wird, weil er außerhalb seiner Ehe „herummacht". Wenn seine Ehe fast kaputt ist, wenn er und seine Frau vorhaben, sich scheiden zu lassen, soll er das hinter sich bringen und dich danach wieder anrufen. Du kannst ihm sogar sagen, dass du ihn liebst und mit ihm zusammen sein möchtest, aber sag ihm auch, dass er erst mit seiner Frau ins Reine kommen soll, bevor er etwas mit dir anfängt. Selbst wenn du nicht die Ursache für das Scheitern der Ehe warst, untergräbt es dein Selbstwertgefühl, mit einer verheirateten Person zusammen zu sein. Und Selbstbewusstsein ist, wie ich in diesem Buch nicht müde werde zu sagen, die Vorbedingung für eine gute Beziehung.

Geschichte 4 handelt von einer Frau, die eine enge sexuelle Beziehung zu einem Mann lebt, mit dem sie gar keine echte Verbindung eingehen will. Eine solche Beziehung aufzugeben, kann äußerst schwierig sein. Niemand hat mir diesbezüglich härtere Kämpfe geliefert als Cynthia, eine 47-jährige Unternehmensberaterin, die vor Jahren eines meiner Seminare besucht hatte. Sie davon zu überzeugen, dass sie aufhören müsse, Randy zu treffen, einen Typen, mit dem sie drei Jahre lang eine „Nirgendwohin-Beziehung" lebte, war mit dem Versuch vergleichbar, einen Rettungsschwimmer davon abhalten zu wollen, einen Ertrinkenden zu retten.

Cynthia war deutlich älter als Randy und wusste, dass sie ihn nie heiraten würde. Doch sie hasste die Ausgehszene und wollte sich auf keinen Fall der Möglichkeit aussetzen, zurückgewiesen zu werden. Randy liebte sie abgöttisch und war immer für sie da. Es war schwer, aber schließlich konnte ich sie doch davon überzeugen, mit ihm Schluss zu machen.

Wie sie bald erfahren sollte, reichte es nicht, einfach Schluss zu machen. Bald nachdem sie aufgehört hatten, sich zu treffen, bekam Randy Probleme mit seiner Bewerbung für einen Studienplatz. Er rief sie an und bat um Hilfe. Sie wollte ihre Freundschaft beweisen und stimmte einem Treffen zu. Was dann passierte, ist leicht zu erraten. Es war schon spät, es war so nett, sich wieder zu sehen, bla, bla, bla ... Wie auch immer, die beiden waren wieder zusammen.

Drei Monate später machte sie erneut Schluss. Wieder hatte er einen Notfall. Wieder rief er sie an. Wieder wollte sie ein Freund sein. Wieder bedeutete das, sich zu treffen und wieder zusammen zu sein. Derselbe Zyklus wurde ein weiteres Mal durchlaufen, bevor ich Cynthia endlich überzeugen konnte, dass sie aufhören musste, Randys „Freund" sein zu wollen. Sie sah ein, dass sie aus seinem Leben verschwinden müsste, wollte sie ihm wirklich helfen; und dass sie, wenn sie ihm immer wieder aus irgendwelchen Notlagen half, es für *beide* unmöglich machte, den Weg weiter zu gehen.

Sie hatte bisher mehrfach mit ihm Schluss gemacht; doch dieses Mal gab sie ihn auf. Der Verlust war unglaublich schmerzhaft, aber zu guter Letzt entwickelte sich für beide alles zum Besten. Cynthia fand einen Mann, von dem sie hin und weg war und heiratete ihn. Randy seinerseits erkannte, dass Cynthia nicht mehr zurückkommen würde, begrub all seine Hoffnung und hörte auf, in Notlagen zu geraten. Er fand eine Frau, die ihn abgöttisch liebte. Jetzt, nachdem beide ihre Partner gefunden haben, stehen Randy und Cynthia immer noch in Verbindung. Sie führen eine echte Freundschaft.

Dein „Sackgassen"-Liebhaber möchte wahrscheinlich dein „Freund" bleiben, wenn du ihm sagst, dass du Schluss machen willst. Sei ein wahrer Freund und erkläre, warum das so abrupt geschehen muss. Erkläre, dass du die Freundschaft fortsetzen wirst, sobald ihr beide einen Partner gefunden habt. Sieh ein, dass Worte nicht ausreichen, um deinen Standpunkt klar zu machen. Du wirst dich aus dieser Beziehung zurückziehen müssen, ganz gleich, wie schmerzhaft es für dich oder den anderen Menschen sein mag. Du leistest deinem „Freund" einen schlechten Dienst, wenn du ihm etwas vormachst.

Frauen nennen mir alle möglichen Gründe, weshalb sie nicht mit ihren „Sackgassen"-Liebhabern Schluss machen müssten:

„Wir sind wirklich nur Freunde."

„Er weiß, dass ich auch mit anderen Männern ausgehe und findet das in Ordnung."

„Ich treffe ihn seit fünf Jahren und hatte dazwischen mehrere andere Beziehungen."

„In meinem Alter ist es das Beste, was man bekommen kann."

Der wahre Grund, weshalb du an „Sackgassen"-Beziehungen hängst, ist die Angst, dass nichts Besseres nachkommt und du einsam sein könntest. Bevor du einen Schlussstrich ziehst und Leere in deinem Leben riskierst, möchtest du warten, bis du einen Ersatz gefunden hast. Du solltest begreifen, dass eine tiefe Beziehung wahrscheinlich gerade dann entstehen wird, wenn es diese Leere in deinem Leben gibt.

Wenn du dich vor dem Alleinsein fürchtest, ist das ein Grund mehr, deine „Sackgassen"-Beziehung aufzugeben. Wenn du eine tolle Partnerschaft führen möchtest, ist es für dich wichtig zu entdecken, dass du dein Leben auch ohne eine Beziehung erfolgreich meistern kannst.

Ja, du gehst ein Risiko ein, wenn du deinen „Sackgassen"-Liebhaber aufgibst. Es gibt keine Garantie für einen Ersatz. Aber bedenke, was du aufgibst, wenn du bei diesem Menschen bleibst. Denk an die Partnerschaft, nach der du dich sehnst, die dich wirklich nähren und befriedigen würde. Das ist es, was du wirklich willst – und was du wahrscheinlich nie bekommst, wenn du nicht bereit bist, das Risiko einzugehen. Deine Aufgabe, einen Partner fürs Leben zu finden, fordert dir viel Risikobereitschaft ab. Du kannst also gleich anfangen, dich daran zu gewöhnen.

Sobald du dir deiner eigenen Offenheit, deiner Verfügbarkeit sicher bist, ist es an der Zeit, dich auf die Menschen zu konzentrieren, mit denen du ausgehst. Wie kannst du sicher sein, nicht an einen zu geraten, der nicht verfügbar ist? Im Regelfall ist das ziemlich einfach und eindeutig. Jemand, der verheiratet ist, ist nicht verfügbar. Eine Person, die mit jemandem zusammen lebt oder eine langfristige Beziehung hat, ist nicht verfügbar.

Leute, die getrennt leben oder vor kurzem geschieden wurden, sind nicht ganz so unverfügbar, wie es bei Verheirateten der Fall ist. Aber sie sind oft noch auf ihre Ex fixiert und können schnell in juristische und finanzielle Geschichten verwickelt werden. Es ist keine allgemeingültige Regel, aber durchschnittlich dauert es zwei Jahre, bis jemand, der geschieden wurde, wieder heiratet. Eine bessere Faustregel als die verstrichene Zeit ist die Zeit, die eine Person dazu verwendet, über seine Ex zu sprechen.

Verabredest du dich mit jemandem, der immer noch damit zu tun hat, über seine frühere Geliebte hinwegzukommen, tu es dir nicht an, dich durch lange Gespräche, Ratschläge oder dadurch, dass du eine Schulter zum Ausweinen bietest, in diesen Prozess hineinziehen zu lassen. Sag einfach, dass du über dieses Thema nicht sprechen möchtest. Sonst riskierst du, später in Verbindung zu der alten Beziehung gebracht zu werden, und dein Liebhaber wird, sobald er die Sache überwunden hat, dich ebenfalls verlassen, um einen neuen Weg gehen zu können.

Was aber, wenn die Worte über Verfügbarkeit den Taten widersprechen? Dann ist es normalerweise das Beste, den Taten zu glauben. Ein ausgezeichneter Maßstab dabei ist die Zeit, die er mit dir verbringt. Grundsätzlich gilt, dass jemand, der keine Zeit für dich erübrigen kann oder will, trotz aller gegenteiligen Beteuerungen nicht verfügbar ist.

Auch der umgekehrte Fall kann passieren, wie meine Freundin Sharon erlebte. Sie traf sich mit einem Mann, der ihr ständig erklärte, in nichts verwickelt werden zu wollen: Er sei mit seiner Karriere verheiratet; er sei nicht an einer Beziehung interessiert; er sei zu keinerlei Verpflichtung bereit; sie solle ihre Hoffnungen nicht allzu hoch ansetzen. Trotz all dieser Warnungen rief er beinahe jeden Tag an, sie sahen sich fast täglich und er bat sie, zusammen mit ihm in Urlaub zu fahren.

Sharon war kurz davor, die Geschichte zu beenden, weil sie glaubte, was er über seine Unverfügbarkeit *sagte*. Doch ich sagte ihr, ich hätte selten einen Mann erlebt, der verfügbarer sei, und sie solle ihre Aufmerksamkeit auf die Taten, nicht auf seine Worte richten. Sie blieb am Ball, und die beiden heirateten schließlich.

Als Sue bei ihrem Freund einzog, warnte er sie, dass er ganz und gar nicht beabsichtigte, jemals zu heiraten. Ihre Antwort war: „Ich kann mich nicht erinnern, dich danach gefragt zu haben." Sie erwähnte die Sache nie wieder – aber er tat es, indem er ihr ein Jahr später einen Antrag machte.

Leute, die sich zutiefst nach einer dauerhaften Beziehung sehnen, denken und sagen oft das Gegenteil – weil sie sich davor fürchten. Ihre Angst, sich tiefer auf eine Beziehung einzulassen, bedeutet deshalb nicht zwangsläufig, dass sie nicht verfügbar sind. Und auch viele heute glücklich verheiratete Männer und Frauen hatten früher diese Angst.

Wenn ein Mann sagt, er wolle keine Beziehung, doch seine Handlungen sagen dir das Gegenteil, gib ihn nicht so schnell auf. Sicher gibt es einen Zeitpunkt, an dem frau einen solchen Mann aufgeben sollte, aber viele Frauen machen hier den Fehler, den Schlusspunkt voreilig zu setzen.

Natürlich ist auch möglich, dein Leben ohne eine Beziehung angenehm genug zu gestalten, um die Erfahrung von Schmerz oder Einsamkeit zu vermeiden. Die meisten von uns haben ihr Leben und Denken zumindest unterbewusst so organisiert, dass wir um Schmerz und Ablehnung einen Bogen machen. Nicht auszugehen und keine Zurückweisung zu riskieren rechtfertigen wir mit der zynischen Aussage, dass es keine guten Männer gäbe, dass sie sowieso nur mit jüngeren Frauen ins Bett gehen wollten oder dass sie unseren Maßstäben nicht entsprächen. Das hört sich überzeugend an. Das Problem ist nur, dass dich dieses Mantra dahingehend beeinflusst, einfach gar nichts mehr zu unternehmen. Und auf lange Sicht ist der Preis für solcherart „Komfort" und Kompromiss zu hoch.

Ich bin viel gereist und finde es faszinierend, jemanden kennen zu lernen, der zufällig neben mir im Flugzeug sitzt. Während eines Kurses erklärte mir eine Frau, sie könne diese Woche ihre Hausaufgabe (Männer anzulächeln) nicht machen, weil sie auf Geschäftsreise gehe. Ich forderte sie auf, doch im Flugzeug Männer anzulächeln. Inzwischen ist sie mit dem Herrn verheiratet, der auf Sitz 11B saß. Hätte sie diesen Sitz mit ihrem altbewährten Reisegefährten besetzt, wäre sie vermutlich der Liebe ihres Lebens nicht begegnet. Nicht nur, dass der Sitz besetzt gewesen wäre; sie hätte sich überhaupt nicht erst umgesehen.

Als ich auf der Suche nach einem Partner war, lernte ich, den Schmerz der Einsamkeit dazu zu nutzen, mich zu motivieren. Einen meiner schlimmsten Momente erlebte ich auf einer großen Neujahrsparty. Die Uhr schlug Mitternacht, und jeder außer mir küsste jemanden. Das dauerte zwar nur einen Moment, weil ich bald viele Zweit- und Drittküsse bekam, aber es war furchtbar und ich schwor, dass mir das nie wieder passieren würde. Es gab zwei Möglichkeiten: Entweder würde ich nie wieder Neujahr feiern oder, und das war der Weg, den ich wählte, ich würde mich bis zum nächsten Jahr verliebt haben. Ich verfehlte das Ziel zwar, denn es dauerte noch zwei Jahre, bis ich Tony traf, aber diese Erfahrung brachte mich auf Trab und hielt mich bei der Stange, bis es schließlich klappte.

Die Leute fragen immer: „Was ist, wenn ich mich reinhänge und verletzt werde?" Na, rate mal. Dann wirst du verletzt. Das versüßt dir nur den Sieg. Es ist 19 Jahre her, seit ich Tony zum ersten Mal traf. Aber ich kann mich noch gut daran erinnern, wie ich alleine lebte, und bis heute ist es für mich nicht selbstverständlich, mein Leben mit jemandem zu teilen, den ich liebe.

Hol dir die Hilfe, die du brauchst

Einen Partner zu suchen, ist nicht leicht. Wir haben darüber gesprochen, warum es schon peinlich wirkt, sich selbst einzugestehen, dass frau sich eine Beziehung wünscht, ganz zu schweigen davon, es andere wissen zu lassen. „Vorsicht, schon wieder eine Frau auf der Jagd! Hütet euch vor Fallen, Verführung und Manipulation!" Wer möchte schon in dem unschmeichelhaften Licht gesehen werden, ein Raubtier zu sein.

Vor Jahren, als ich noch als Unternehmensberaterin arbeitete, fiel mir auf, dass fast nur die erfolgreichsten Geschäftsleute Berater anheuerten. Es gab eine direkte Verbindung zwischen dem Grad des Erfolgs einer Person und ihrer Bereitschaft, Berater und Hilfe von außen anzunehmen. Die übliche „Das-kann-ich-alleine"-Mentalität gibt es bei erfolgreichen Managern praktisch nicht.

Im Sport gilt das Gleiche. Natürlich werden Sportlerteams immer trainiert, aber vor jedem großen Einzelereignis von Tennis bis Springreiten arbeiten die Athleten mit ihren persönlichen Betreuern oder Trainern. Amateure trainieren oft allein, aber du wirst keinen Weltklasseathleten ohne Trainer finden.

Um Erfolg bei der Partnersuche zu haben, musst du ihr auch Priorität geben. Ein wichtiger Aspekt dabei ist, dass du Unterstützung bekommst. Wenn ich ein Projekt anpacke, finde ich normalerweise zwei Arten von Unterstützung – den „Halleluja-Chor" und den „griechischen Chor". Dummerweise ist der griechische Chor oft gleich zur Stelle, selbst wenn du ihn gar nicht darum gebeten hast. Sein Gesang klingt ungefähr so: „Oh, du suchst einen Partner? Das brauchst du nicht, du hast doch Freunde, die dich lieben. Dazu bist du doch viel zu erwachsen. Es gibt keine guten Männer. Alle guten Männer sind vergeben/suchen nach jüngeren Frauen/sind verdorben. Es gibt keine guten Männer in Wien/Washington/Wanne-

Eickel. Vielleicht solltest du lieber eine Therapie machen, damit du dich lieben lernst."

Der Hallelujah-Chor aber ist, obwohl schwieriger zu finden, offensichtlich das, was du brauchst. Denn sein Lied klingt ganz anders: „Klar kannst du jemanden finden. Heb deinen Hintern hoch, tu was. Ich will dein Gejammer/deine Beschwerden/deine Entschuldigungen nicht hören. Gib nicht auf!"

Meine Empfehlung ist: Gib deine Absicht jemandem, der höchstwahrscheinlich zum griechischen Chor gehört, keinesfalls bekannt. Wenn das Baby laufen lernt, machen die Eltern aus jeder Bewegung, die einem Schritt nur ähneln könnte, ein Riesending. Noch nie habe ich gehört, dass Mami oder Papi sagt: „Oh weh, Schwerkraft ist eine schlimme Sache. Vielleicht wartest du besser, bis du älter bist und nicht mehr hinfällst. Bis dahin kannst du ja krabbeln und musst dich nicht vor diesen gefährlichen Stürzen fürchten."

In unserem Projekt bist du das Baby. Deshalb solltest du nur mit Leuten über deine Partnersuche sprechen, die dich ermuntern und unterstützen. Du musst dich nicht ständig rechtfertigen. Auch ohne das ist jeder Schritt schon schwierig genug. Das heißt nicht, dass du mit Freunden, die dich nicht verstehen oder unterstützen, nicht mehr sprechen oder sie gar aufgeben solltest. Halte dich in der „Babyphase" deines Projekts einfach zurück.

Meine Kinder sind adoptiert. Tony und ich erfuhren von unserem ersten Kind drei Wochen vor der Geburt. Eine Woche, bevor es zur Welt kam, ging ich mit Terry, meiner besten Freundin, einkaufen, um mich vorzubereiten. Wir waren beide furchtbar aufgeregt. Terry fragte ständig, ob ich vielen Leuten von dem Baby erzählt hätte und wie sie reagiert hätten, aber ich hatte die Neuigkeit nur ganz wenigen Leuten mitgeteilt. Schließlich fragte sie, warum ich es, wo ich doch so aufgeregt war, nicht allen Freunden und Verwandten erzählt hätte. „Ich möchte mich nicht damit beschäftigen, was sie zum Thema Adoption loswerden müssen." Terry akzeptierte es, war aber leicht befremdet.

Es gab an diesem Abend viel zu erledigen und wir machten uns daran, Babyshampoo, Strampelhosen und so weiter auszusuchen. Nach unserem letzten Einkauf bemerkte die Kassiererin süßlich: „Sieht aus, als würde jemand ein Baby bekommen." Terry zeigte stolz auf mich und sagte: „Kann jeden Moment so weit sein." Glücklicherweise sah ich kein bisschen schwanger aus, die Kassiererin war verwirrt. Und als ich ihr erzählte, ich würde ein Kind adoptieren, meinte sie: „Oje, haben Sie keine Angst, dass die Mutter ihre Meinung ändern könnte?" An diesem Punkt sagte Terry: „Jetzt begreife ich. "

Eine Freundin wie Terry zu haben, macht es für eine Mami viel leichter, sich vorzubereiten. Für dein Partnersuchprojekt wirst du ebenso Unterstützung brauchen. Aber triff deine Wahl sorgfältig. Such dir zumindest *einen* Menschen, bei dem du sicher bist, dass er dir das gibt, was du brauchst, und der auch dann zu dir steht, wenn du dabei wärst, alles hinzuschmeißen.

Nach all den Jahren, nach allem Feedback auf meine Seminare und Bücher bin ich von der zentralen Wichtigkeit dieses Rates überzeugter denn je. Einige der besten Teams waren eine Tochter, die ihre Mutter unterstützte (oder umgekehrt), Arbeitskollegen (egal, welchen Geschlechts) und zwei Leute, die sich im selben Projekt gegenseitig unterstützten. Du musst dich aber nicht auf eine Unterstützerperson beschränken. Deine Suche nach der berühmten Nadel im Heuhaufen (wie das für einige sicherlich scheinen mag) geht mit 10 Leuten sehr viel schneller als mit ein oder zwei.

5

Räum dein Herz auf

Wie wirst du die Frau, mit der man gern zusammen ist, die man gern kennen lernen möchte? Wie kannst du dich auf eine Art zeigen, die Interesse weckt? Um diese Fragen geht es in diesem Kapitel.

Die „Anziehung" eines Menschen ist die Initialkraft, die uns dazu bringt, mehr über diese Person erfahren zu wollen. Anziehung hängt stark vom Erscheinungsbild ab und von der Art, wie wir uns gegenseitig betrachten (mehr dazu später in diesem Kapitel). Aber es gibt noch andere, weniger offensichtliche Kräfte, die einen sehr starken Einfluss darauf haben, ob sich ein Mann von dir angezogen fühlt oder nicht.

Der erste Schritt zu mehr Anziehungskraft ist, dir klar zu werden, dass du etwas ganz Besonderes zu bieten hast. Denn nichts ist anziehender als eine Frau, die sich selbst wertschätzt. Das ist nicht mit hochnäsig oder eingebildet sein zu verwechseln. Der Punkt ist, dass wir dazu neigen, uns gegenüber sehr kritisch zu sein, und unsere Fehler kennt niemand besser als wir selbst. Wenn du dich, obwohl du das alles weißt, immer noch magst, musst du ein anziehender Mensch sein, und andere werden diese Einschätzung teilen – ein Mann hätte also allen Grund, dankbar zu sein, wenn er mit dir zusammen sein darf. Und es ist ganz erstaunlich, wie sehr sich die Haltung der eigenen Wertschätzung auf andere überträgt.

Ich bitte die Leute in meinen Seminaren immer, zehn Punkte aufzuschreiben, die sie ihrer Meinung nach zu einem guten Fang machen. Sie beschweren sich dann, klagen und jammern: „Du machst wohl Witze!" *Sie kommen nicht mal auf zehn Punkte.* Wenn ich sie aber darum bitte, eine Liste von den Dingen zu machen, die sie bei einem Partner suchen, können sie zehn *Seiten* füllen. Meiner Meinung nach ist die zweite Liste völlig nutzlos, da die meisten Leute nicht wissen, was sie in einer Beziehung wirklich suchen (mehr dazu in Kapitel 7).

Die nützlichere Liste ist die, in der du beginnst zu entdecken, was du jemand anderem bieten kannst. Warum sollte dich jemand toll finden? Sei dabei aufrichtig, nicht zu bescheiden und suche diese Schätze in dir. Natürlich kannst du auch wunderbare neue Qualitäten entwickeln, aber fürs Erste beginne einfach mit dem, was ist.

Selbstbewusstsein trainieren

Erinnere dich an Kapitel 1 und daran, dass Selbstbewusstsein einer der ersten Schlüssel des „Geheimnisses" ist. Männer fühlen sich von Frauen angezogen, die wissen, wer sie sind, Frauen die sich mögen. So geht es uns eigentlich doch allen. Man sagt oft, dass man niemanden lieben kann, bevor man sich nicht selbst liebt. Ich füge hinzu: Bevor du dich nicht selbst liebst, wirst du dich auch von niemandem lieben lassen. Ein gesundes Selbstbewusstsein zu haben, ist dabei ganz wesentlich – nicht nur um Menschen anzuziehen, sondern auch, um eine Beziehung langfristig zu erhalten, wenn du sie gefunden hast. Wie ansteckend mangelndes Selbstvertrauen sein kann, wurde mir klar, nachdem ich mit Tony zusammengezogen war.

Tony hatte sich mit Freunden in einer Bar getroffen und war spätabends nach Hause gekommen. Er erzählte mir von einer Frau, die in der Bar mit ihm geflirtet hatte. Er sprach nicht über diese Frau, um mich eifersüchtig zu machen, es war klar, dass er kein Interesse an ihr hatte. Er erzählte mir einfach von dem Abend. Trotzdem fühlte ich, wie ich unsicher wurde, als ich von dieser Frau hörte.

„War sie wirklich hübsch?" fragte ich. „Sie war schlanker als ich, stimmts? Bestimmt dachten deine Freunde, du bist ein Idiot, weil du nicht nach ihrer Telefonnummer gefragt hast."

Als ich so meine Unsicherheit zeigte, bemerkte ich einen feinen Wechsel in Tonys Haltung. Irgendwie schienen meine Selbstzweifel auf ihn abzufärben. Es war, als ob mein mangelndes Selbstvertrauen seinen Entschluss madig machte, mich als Partnerin gewählt zu haben.

Doch mein Selbstvertrauen und die Gewissheit, die richtige Frau für Tony zu sein, waren offenbar stärker als meine Unsicherheit, denn plötzlich machte etwas Klick, und ich sah, dass es da nichts Beunruhigendes gab. Schließlich war ich es, zu der er nach Hause gekommen war. Ich sagte sorglos: „Na gut, vielleicht hatte sie einen schöneren Körper, aber niemand passt besser zu dir als ich." Tonys Miene hellte sich auf. Während meine Selbstzweifel seine Unsicherheit nährten, brachte ihn mein Selbstvertrauen dazu, sich mit mir wohl zu fühlen.

Jedoch: Zu *wissen*, wie wichtig es ist, dich selbst wertzuschätzen und zu lieben, bringt dich nicht automatisch dazu, es auch zu *tun*. Wie stärkst du also dein Selbstbewusstsein?

Die Ursache für ein geringes Selbstbewusstsein liegt bei manchen Frauen in tief verwurzelten Problemen, die ohne Hilfe eines erfahrenen Therapeuten wahrscheinlich nicht lösbar sind. Bei vielen jedoch liegt mangelndes Selbstbewusstsein hauptsächlich an schlechten mentalen Gewohnheiten, die durch Achtsamkeit und Disziplin überwunden werden können.

Als Kind wurde vielen von uns beigebracht, es sei unhöflich, sich in Gegenwart anderer lobend über sich selbst zu äußern. So wurde es zur Gewohnheit, uns lieber abzuwerten, unsere Fehler zu betonen und die Aufmerksamkeit mehr auf die Schattenseiten und das, was wir nicht wollen, zu richten als auf das, was uns ein gutes Gefühl gab. Aufmerksamkeit auf etwas zu richten bedeutet aber meist, es zu verstärken und zu kräftigen.

Deinen Wert, deine Einzigartigkeit zu erkennen bedeutet nicht, eingebildet zu sein. Sich abzuwerten bedeutet nicht, demütig und bescheiden zu sein. Äußerst du gewohnheitsmäßig negative Urteile über dich wie „Ich habe keine Disziplin" – „Ich bin zu unentschlossen" – „Ich hasse meine Stimme" oder Ähnliches? Wenn du einen Fehler machst, sagst du gleich „Ich bin ja so blöd" – „Ich habe ein total schlechtes Gedächtnis" – „Ich trete immer ins Fettnäpfchen"? Bist du, selbst wenn du eine Stärke erkennst, gleich bereit, auf deine Schattenseiten hinzuweisen? „Ich bin kreativ – wahrscheinlich bin ich deshalb so chaotisch."

Klar, perfekt bist du nicht. Aber musst du deshalb in deiner Unvollkommenheit schwelgen? Selbst wenn du deine Unsicherheit nicht aussprichst: Deine inneren Selbstgespräche verstärken sie und schaffen in dir ein Klima geringer Selbstachtung – und das überträgt sich auf andere! Hättest du einen Freund, der dir gegenüber so kritisch ist, wie du es zu dir bist, hättest du diese Freundschaft längst beendet. Du würdest nicht mit jemandem zusammenleben wollen, der dich ständig auf deine Unzulänglichkeiten hinweist. Doch genau das ist es, was *du* dir antust! Statt deine Fehler zu stärken, indem du ihnen ständig Aufmerksamkeit schenkst, warum nicht deine Stärken entwickeln? Ich meine damit nicht, du solltest ständig herumlaufen und anderen sagen, wie toll du bist. Nochmal: Entscheidend ist, was du *dir* sagst.

Wenn du meinst, es mangle dir ernsthaft an Selbstbewusstsein, kannst du eine Therapie machen und an dir arbeiten. Doch für die meisten reicht es, sich Tag für Tag etwas Zeit zu nehmen und einfach aufzuschreiben, was du an dir gut findest. Praktizierst du das eine Zeit lang, wirst du überrascht sein von dem, was dir dabei einfällt. Und dann kannst du beginnen, diese Qualitäten zu stärken und zu kultivieren.

Indem du deine Aufmerksamkeit auf das richtest, was du über dich selbst denkst und sagst, wirst du deine selbstzerstörerischen geistigen Gewohnheiten in konstruktive verwandeln. Doch musst du dabei deine Gedanken genau überwachen, um sicherzugehen, dass deine Gewohnheit, dich abzuwerten, sich nicht unbemerkt wieder einschleicht. Eine lebenslange Gewohnheit löst sich nicht über Nacht in Luft auf, sondern erfordert Disziplin, Achtsamkeit, Bewusstheit; aber die Ergebnisse sind die Mühe wert!

Lebe mit Leidenschaft

Der zweite Schlüssel zu mehr Anziehungskraft ist, das Leben mit Begeisterung zu leben. Es ist klar, warum das so wichtig ist für das Geheimnis, die zu sein, die du schon immer sein wolltest. Denn wer hat nicht die Vision, das Ziel, den Wunsch, ein erfülltes und leidenschaftliches Leben zu leben? Wer würde sich nicht auf diese Art sehen wollen?

Ich habe festgestellt, dass manche Frauen nur vor sich hin leben, ihren Lebensunterhalt bestreiten, tun, was sie eben tun müssen und keine Lebensfreude mehr spüren. Für solche Frauen ist die Partnersuche nur eine zusätzliche Bürde, ein weiterer Punkt auf ihrer „Ich-Muss-Liste". Mit so einer Person zusammen zu sein, wäre, wie man sich vorstellen kann, eine ziemlich freudlose Angelegenheit. Wer möchte schon jemands Verpflichtung, jemands Projekt sein?

Wenn du anziehend bist, führst du ein Leben, an dem ein anderer Mensch gern teilhaben möchte, schon deshalb, weil es dich begeistert. Du und dieser andere müsstet dabei nicht unbedingt gemeinsame Interessen oder Lust haben, immer Dinge gemeinsam zu tun. Nicht so wie in Kontaktanzeigen: „Er sollte gern Fahrrad fahren, wandern, reisen und klassische Musik mögen." Das macht keine Beziehung aus. Ihr müsst euch nicht für dieselben Dinge begeistern – ihr solltet euch für die Person begeistern können, mit der ihr zusammen seid!

Diese Begeisterung musst du in eine Beziehung einbringen. Die Beziehung verschafft sie dir nicht. Nochmal: Menschen wollen mit jemandem zusammen sein, der begeistert ist von dem, was er tut – einschließlich seines Berufs. Nicht jede Tätigkeit ist aufregend und bereichernd, aber ein wenig sollte sie es zumindest sein. Und wenn nicht, wenn deine Arbeit dich nicht erfüllt und dir keinen Spaß macht, wechsle den Job. Es gibt auch andere Jobs. Du kannst nicht den ganzen Tag lang versauern, fünf Tage die Woche, dann nach Hause kommen und erwarten, dass jemand dich aufpäppelt oder mit dir zusammen sein will.

Du kannst es dir nicht leisten, dein Leben aufzuschieben. Du kannst nicht darauf warten, bestimmte Dinge erst dann zu tun, wenn du einen Partner hast. Zum Beispiel: du reist gerne, aber das wirst du unter gar keinen Umständen allein tun. Erst wenn du einen Partner gefunden hast, wirst du wieder reisen. Oder du wünschst dir ein Haus, weil es dir Freude macht, es einzurichten, zu gestalten, Freunde zu empfangen, denkst aber nicht im Traum daran, irgendetwas davon zu tun, bevor du nicht verheiratet bist. So verschiebst du die Dinge nicht nur auf später – alles, was dich dazu bringt, morgens freudig aufzustehen, verschiebst du. Vor allem: Du versäumst es, zu leben. Du bist schon ein wenig tot, zumindest nicht völlig lebendig – und das wirkt auf Männer nicht unbedingt anziehend.

Jede(r) ist lieber mit jemandem, der glücklich ist, zusammen als mit einem, der zynisch, weinerlich, grantig oder nur schwer zufrieden zu stellen ist. Dies wurde mir schmerzhaft klar, als ich mit meiner Freundin Sarah nach Los Angeles fuhr. Sarah ist eine wuchtige Frau, und obwohl sie sehr hübsch ist, würde man sie nicht als umwerfend bezeichnen – besonders in einer Stadt, die für ihren Kult um Magersucht-Körper bekannt ist. Hättest du mich zu Beginn unserer Reise gefragt, wer von uns beiden besser aussieht, hätte ich ganz unbescheiden behauptet, ich bin´s. Jedenfalls bin ich bestimmt schlanker. Doch am Ende unser drei Tage fühlte ich mich wie ein nacktes Hühnchen.

Die Männer hielten Sarah buchstäblich auf der Straße an. Sie krochen ihr in Restaurants und Geschäften hinterher, von mir nahmen sie kaum Notiz. Nach einer Weile erkannte ich, dass sie sich von derselben Sache angezogen fühlten, die ich so an Sarah liebe. Sie ist ein Lebensfreude ausstrahlender, glücklicher, vor Leben sprühender Mensch. Mit ihr zusammen zu sein, ist ein Geschenk. Sie lacht immerzu. Sie hat kein Problem mit ihrer Fülle. Sie trägt sie mit Selbstachtung und ist ganz offensichtlich, so wie sie ist, mit sich im Reinen. Und die Männer reißen sich darum, in ihrer Nähe zu sein.

Wir fühlen uns von Menschen angezogen, die Freude ausstrahlen und ihr Leben genießen. Denn das ist es, was wir tief in unserem Herzen auch wollen.

Aufs Äußere achten

Es gibt Qualitäten, die von innen nach außen wirken und andere, die es von außen nach innen tun. Um anziehend zu sein, ist das Aussehen wichtig. Wir erfreuen uns an schönen Dingen, und besonders Männer sind visuelle Tiere. Deshalb ist das Aussehen einer Frau entscheidend, um Aufmerksamkeit und Interesse zu wecken.

Vor einiger Zeit behauptete jemand, das Aussehen eines Menschen sei nur die Oberfläche, deshalb solle auch unser Urteil nicht darauf beruhen, sondern stets auf den tieferen menschlichen Qualitäten. Sich für das Aussehen von jemand anderem zu interessieren, ist oberflächlich; sich für das eigene Aussehen zu interessieren, eitel. Tatsächlich aber tun wir das Gegenteil und fühlen uns deshalb oft schuldig.

In anderen Lebensbereichen gilt ein visuelles Urteil nicht als seicht oder oberflächlich. Von einem Sonnenuntergang oder einer Blumenwiese entzückt zu sein, zeugt von Spiritualität. Sich an Kunst zu erfreuen, ist vornehm. Ob wir dies tun oder einen anderen Menschen betrachten – wir gebrauchen dafür denselben Sinn. Den meisten gefällt es, etwas Schönes zu sehen, genauso wie wir gerne riechen, schmecken, fühlen, was uns wohl tut. Und uns damit zu umgeben, verstärkt unser Vergnügen. Warum also ist es so falsch, von jemandem angezogen zu sein, der gut aussieht, und was ist so schlimm daran, für jemanden gut aussehen zu wollen? Mal ehrlich – wen würdest du bei einem Abendessen lieber als Gegenüber haben, Brad Pitt oder den Glöckner von Notre Dame? Übrigens sind Männer, was das Optische betrifft, noch wesentlich fixierter als Frauen.

Wenn ich Leute zu mir zum Abendessen einlade, soll es ein schönes Erlebnis für sie sein. Ich vergewissere mich, dass das Haus sauber ist, dass Blumen auf dem Tisch stehen oder etwas Leckeres im Ofen brutzelt. Sie sollen sich geehrt fühlen. Mache ich mir auch Gedanken, was sie von mir denken, von meinem Haushalt, von meinem Einrichtungsgeschmack? Ich gestehe, ich möchte sie gern beeindrucken und mache mir über ihr Urteil Gedanken. Aber auch diese Gedanken sind ein Zeichen der Wertschätzung, die ich meinen Gästen entgegenbringe, es ist mir nicht egal, was sie von mir halten.

Die Wahrheit ist, dass eine Frau anziehend sein muss, um sich bei der Suche nach einem Partner den größtmöglichen Vorteil zu verschaffen. Heutzutage müssen sich Männer nicht mit einer unattraktiven Frau abfinden. Du magst deine Ansprüche an einen Partner nicht herunterschrauben – warum sollten sie es? Ein klasse Kerl verdient es, alles zu bekommen, genau wie du.

Wenn ich mal alle Faktoren außer acht lasse, die mit der Persönlichkeit einer Frau zusammenhängen, zieht das Aussehen einer Frau den Mann als erstes an. Und fast immer gilt: Je besser eine Frau aussieht, desto mehr Männer wird sie anziehen und desto besser wird die Qualität dieser Männer sein. Bei Frauen ist der Auslöser, der Männer anziehend macht, die Kraft – die sich in Erfolg, Reichtum und Bildung ausdrücken kann. Es gibt Ausnahmen bei diesen Auslösern, aber nicht sehr viele (in Kapitel 7 gehe ich näher darauf ein).

So wie Frauen sich von einem arbeitslosen, armen und ungebildeten Mann abgestoßen fühlen, selbst wenn er sehr gut aussieht, fühlt sich ein Mann von einer unattraktiven, übergewichtigen Frau abgestoßen, selbst wenn sie gebildet und finanziell unabhängig sein sollte. Dagegen sind die meisten Männer mit einer schönen Frau, die nie Karriere gemacht hat, äußerst glücklich. Und Frauen scheinen Männer zu akzeptieren, die zwar nicht gerade toll aussehen, aber reich, berühmt oder unglaublich begabt sind.

Auch wenn es nicht politisch korrekt ist, es ist wahr: Männer interessieren sich dafür, wie eine Frau aussieht – und zwar sehr! Du kannst die großartigste, freundlichste, lustigste Frau sein, doch kein Mann legt Wert darauf, etwas über all deine tollen Qualitäten zu erfahren, solange er sich durch dein Erscheinungsbild nicht genügend angezogen fühlt, um sich mit dir zu verabreden und dich näher kennen zu lernen. In einer idealen Welt wäre das nicht so. Aber, falls du es noch nicht bemerkt hast, wir leben in einer alles andere als idealen Welt – und sie ist die einzige, die wir haben.

Viele Frauen glauben, Attraktivität sei Zwanzigjährigen und Sophia Loren vorbehalten. Solche Frauen werden sich damit abfinden müssen, alleine zu bleiben oder zu hoffen, jemand werde die „tiefere" Schönheit in ihnen entdecken. Der Rest von uns möchte sich die Männer selber aussuchen. Du und ich wollen wahres Gold, keinen Trostpreis. Und das kannst du bekommen.

Eine Veränderung deines Aussehens kann dein Selbstwertgefühl stark beeinflussen. Deine Persönlichkeit verändert sich dadurch nicht, aber es macht einen großen Unterschied, wenn du dich wohl in deiner Haut fühlst. Fühlst du dich gut mit dir, gefällt dir dein Aussehen und entsprichst du deinen eigenen Maßstäben, wirst du dich nicht unter Wert verkaufen und selbstverständlich jemanden anziehen, der deinen Maßstäben entspricht.

Ich kann nur wiederholen, je wohler du dich mit dir fühlst, desto größer ist dein Vorteil. Du wünschst dir jemanden, der jede haben könnte, aber dich auswählt. Du würdest du dich nicht gut fühlen bei dem Gedanken, er wäre nur deshalb mit dir zusammen, weil er nichts Besseres bekommen konnte.

Jetzt sagst du, dass du nicht nur wegen deines Äußeren geliebt werden willst. Keine Sorge, wirst du auch nicht. Erinnere dich: Wie wunderschön du auch sein magst, wenn du keine anderen Qualitäten hast, wird niemand, der es wert ist, geliebt zu werden, seine Zeit mit dir verschwenden.

Die Schönheit pflegen

Eine Entschuldigung, nicht gut auszusehen, gibt es heute nicht mehr. Vielleicht sagst du, dass du dich nur für dich anziehst und gut aussehen willst, aber du musst dich ja nicht selbst ansehen.

Andere Leute müssen dich ansehen. Und du wirst zugeben, es gefällt dir, wenn ein Mann gut aussieht. Es ist einfach erfreulich. Mir ist es egal, ob er das für sich tut oder nicht. Aber ich fühle mich ziemlich geschmeichelt, wenn er für mich gut aussieht.

Es zahlt sich aus, in dein Aussehen zu investieren, etwas dafür zu tun. Werden wir älter, sind dafür größere Anstrengungen als in jungen Jahren nötig. Ich bin für natürliche Schönheit, aber sogar die, die mit dreißig ohne Make-up gut aussahen, brauchen mit fünfzig etwas Auffrischung. Unser Hautton verändert sich oft, die Augen verblassen. Früher habe ich nie einen Eyeliner benutzt. Inzwischen verlasse ich das Haus nie ohne; nicht, dass ich besonders „geschminkt" aussehe, aber so wirkt mein Gesicht nicht so müde und langweilig. Ich bin weder müde noch langweilig. Warum sollte ich so aussehen?

Wenn du unsicher bist, wie man Make-up wirksam einsetzt, lass dich einmal von jemandem schminken, der dir eine Übungsstunde geben kann. Viele Kosmetikstudios bieten jeden Monat an bestimmten Tagen Schminkkurse an, wo du dich beraten lassen kannst. Auf diese Weise lernst du, Make-up vorteilhaft aufzutragen.

Haar tendiert dazu, im Alter seinen Glanz zu verlieren. Und sehr wenige Frauen bekommen ein schönes Grau. Warum sollten wir uns mit so einer Demütigung abfinden? Selbst wenn graues Haar gut mit deinem Hautton harmoniert, muss es trotzdem getönt und gepflegt werden. Wenn Grau dir nicht steht, benutze eine Farbspülung, lass dir Strähnen machen, mach irgendetwas! Beim ersten Mal gehst du vielleicht zu einem Fachmann, jemand, der wirklich weiß, was mit deinem Haar zu tun ist. Wenn es dir danach selbst gelingt, prima, aber mach dir zumindest ein Bild, wie dein Haar modisch und schön aussieht.

Und denk daran, dein Make-up und dein Haar von Zeit zu Zeit auf den aktuellen Stand bringen zu lassen. Du kannst nicht denselben Look über Jahre hinweg tragen. Viele Frauen hängen ihrem alten Stil nach, der heute nicht mehr besonders wirkt. Nichts sieht älter aus als eine Fünfzigjährige, die versucht, wie eine Zwanzigjährige auszusehen! Nicht, dass du besonders trendy sein müsstest, aber du solltest einen Sinn für Stil zeigen. Ja, es sollte dein Stil sein, aber einer von heute und nicht dein Stil von vor zwanzig Jahren. Wenn du antwortest: „Ich will damit nichts zu tun haben", dann ähnelst du der Person, die nichts damit zu tun haben will, ob das Haus aufgeräumt ist oder nicht, bevor die Gäste kommen. Oder du argumentierst: „Das ist unnatürlich!" In Ordnung, dann sage ich, dass du dir keinen solch trivialen Luxus leisten kannst. Es ist auch nicht natürlich, dein Haus zu streichen, und trotzdem findest du einen Weg und das Geld es zu tun. Du möchtest deine Investition schützen. Welch größere Investition gibt es im Leben, als deine Liebe und Leidenschaft lebendig zu erhalten?

Kleider machen Frauen

Kleidung prägt dein Erscheinungsbild ganz wesentlich, im Positiven wie im Negativen. Du musst keine Unsummen ausgeben oder eine riesige Auswahl an Kleidern besitzen, um gut gekleidet zu sein. Aber du musst etwas Zeit und Überlegung investieren.

Die meisten Leute passen in eine von drei Kleidungskategorien: (1) Sie haben einen guten Geschmack und sind gut gekleidet. (2) Sie haben einen guten Geschmack und sind schlecht gekleidet. (3) Sie haben weder guten Geschmack, noch sind sie gut gekleidet.

Wenn du zur ersten Gruppe gehörst, brauchst du nichts tun, mach einfach so weiter. Gehörst du zur zweiten Gruppe, bist du dir gegenüber wahrscheinlich nicht sehr objektiv oder hängst einem Stil an, der früher zu dir gepasst hat, heute aber nicht mehr. Eine zierliche, flotte Frau, die sich anzieht, als wäre sie groß und elegant, oder eine, die dieselbe Frisur trägt wie vor zwanzig Jahren an der Uni, sind Beispiele für Menschen dieser Kategorie. Wenn du zu dieser Gruppe gehörst, solltest du dir helfen lassen, um besser auszusehen. Alles, was du wahrscheinlich brauchst, ist eine Starthilfe, dann kommst du gut allein zurecht.

Meiner Erfahrung nach ist mit Menschen der dritten Gruppe entweder sehr leicht oder nur sehr schwer zu arbeiten. Das Wichtigste ist, sich erst einmal einzugestehen, dass du nicht weißt, wie du dich vorteilhaft kleiden kannst. Ein großer Schritt. Niemand hat in allem Geschick, und wahrscheinlich bist du in viel wichtigeren Dingen geschickt. Du solltest jemanden anheuern oder fragen, der dir hilft, aus deinem Aussehen das Beste zu machen. Ziel dabei ist, gut auszusehen, nicht zu beweisen, dass du ein Gespür für Kleidung hast.

Kleidung zu tragen, in der du dich nicht gut fühlst, verringert dein Selbstbewusstsein. Wenn es dir wie den meisten Menschen geht, bist du nur mit etwa der Hälfte der Kleidung in deinem Schrank zufrieden. Die übrigen Sachen sind Dinge, die „wieder in Mode kommen könnten", „Schnäppchen" und die dreiundvierzig alten Blusen, die du aufbewahrst, um sie demnächst bei der Gartenarbeit zu tragen. Jedes Mal, wenn du ein paar Hosen, einen Pullover oder einen Rock gekauft hast, hast du wahrscheinlich gesagt: „Für 30 Euro kann ich nichts falsch machen." Weißt du was? Du hast zwanzig Mal 30 Euro in den Sand gesetzt.

Es ist an der Zeit, alles aus deinem Schrank auszumisten, was dir nicht hilft, dich wohl zu fühlen und so gut wie irgend möglich auszusehen. Wie die meisten Leute wirst du wahrscheinlich Hilfe dabei brauchen. Erinnere dich, du bist die, die sich in den Schlamassel gebracht hat. Hol dir jemanden, der dich rücksichtslos zwingen wird, all das loszuwerden, was dich nicht von deiner besten Seite zeigt.

Skalpell und Tupfer?

Auch wenn es politisch korrekt sein mag, plastische Chirurgie als eitel, falsch und gemein zu schelten, die Zahl dieser Eingriffe steigt ständig. Und obwohl die meisten nicht mal zugeben würden, eine derartige Möglichkeit auch nur in Erwägung zu ziehen, legen sich viele unters Messer.

Über plastische Chirurgie spricht man nicht – und es ist in der Tat nicht unbedingt die Sache, die man jemandem einfach so vorschlägt. Also wage ich das, was viele andere – zumindest öffentlich – nicht tun würden. Wie schon gesagt, ist es von Vorteil, bei der Suche nach einem Partner möglichst gut auszusehen. Und angesichts dessen, was durch plastische Chirurgie möglich ist, braucht sich niemand mit seinem Aussehen zufrieden zu geben. Kontaktlinsen oder Zahnspangen sehen wir längst als normal an, und kleinere chirurgische „Korrekturen" sind heute mehr und mehr auch für die machbar und erschwinglich, die keine Millionäre sind.

Das Geheimnis dieses Buches ist, so zu werden, wie du immer sein wolltest – und dazu gehört dein Aussehen. Die wenigsten von uns träumen von einem Doppelkinn oder einem „Rettungsring" um die Hüften. Was ich sagen will: Es gibt Dinge, mit denen du dich abfinden musst, wenn du älter wirst, aber dein Aussehen gehört nicht dazu! Ich möchte dich ermutigen, alle Möglichkeiten zu prüfen. Und damit bist du bestimmt nicht alleine. Tausende von Menschen haben diese Prozeduren hinter sich gebracht, sie sprechen nur nicht darüber.

Plastische Chirurgie kann viel für dein Wohlbefinden und deine Attraktivität tun. Einige Leute behaupten, dass es nur natürlich ist zu altern, und wir sollten das akzeptieren, statt Zuflucht zu so drastischen Maßnahmen wie plastischer Chirurgie zu nehmen. Meine Antwort ist: Schuhe treten sich normalerweise aus, aber Löcher in den Sohlen gefallen uns nicht sonderlich, deshalb lassen wir sie reparieren oder kaufen neue.

Eine andere Sache ist es, wenn dir der Anblick von ausgelatschten Schuhen wirklich gefällt. Eine Freundin, die mit 45 darüber nachdenkt, was sie gern an sich verändern würde (ihren Hals straffen und etwas Collagen in die Falten ihres Gesichtes injizieren lassen) sagte mir: „Ich mag die Lachfältchen um meine Augen. Sie stammen von all dem Lachen und Glück in meinem Leben, ich möchte sie niemals loswerden. Ich finde sie schön."

Einige übergewichtige Frauen denken und fühlen, dass sie schön sind, so wie sie sind. Deshalb kann ich nur wiederholen: Wenn du dich wohl in deiner Haut fühlst, dann bist du schön. Dann untersteh dich ja nicht, irgendetwas zu verändern.

Wenn ich Freunden gegenüber erwähnte, dass ich über ein Facelifting nachdenke, kam mehrfach das Argument, wie ich auf die Idee käme, so aussehen zu wollen wie manche Persönlichkeiten aus Film und Fernsehen, deren Facelifting sie ständig überrascht aussehen lässt? Doch jeden Tag laufen wir zahllosen Menschen über den Weg, ohne auch nur zu ahnen, dass sie ein Lifting hatten – weil sie gute Chirurgen hatten und natürlich aussehen. Und wir denken, „die sehen aber jung aus für ihr Alter".

Schau dich mal wirklich kritisch an. Wir sind so daran gewöhnt, uns zu sehen, dass wir die schleichenden Veränderungen nicht bemerken. Ich möchte nochmal klarstellen, dass du mit sechzig nicht aussehen solltest wie mit zwanzig. Aber du solltest wie eine wirklich gutaussehende Sechzigjährige aussehen. Oder warum nicht mit fünfzig oder mit sechzig wie vierzig aussehen?

Wenn du jedes Mal vor dem Spiegel dein Kinn tätschelst oder deine Wangen straffst, um zu sehen, was ein Facelifting bewirken könnte, solltest du zumindest einmal mit einem Schönheitschirurgen sprechen. Wenn du glaubst, plastische Chirurgie könnte für dich von irgendeinem Nutzen sein, nimm dir die Zeit, weitere Informationen einzuholen. Eine Beratung durch einen guten plastischen Chirurgen kostet dich nichts.

Die meisten Chirurgen bieten sogar eine Computersimulation an, so dass du sehen kannst, wie du nach einem Eingriff aussehen würdest. Plastische Chirurgie ist nicht so unverschämt teuer, wie viele denken. Und es gibt viele einfache Dinge, die du gegen hängende Augenlider, Augenringe oder ein Doppelkinn tun könntest. Diese kleineren, preiswerteren Operationen können einen großen Unterschied ausmachen, wie du im Spiegel aussiehst, wie andere dich sehen und wie du dich fühlst.

Ich erwähnte bereits, dass Zahnkorrekturen – sei es durch eine Spange, Krone oder durch Bleichen heutzutage ziemlich verbreitet sind. Nur die ganz Armen lassen nicht automatisch die Zähne ihrer

Kinder richten. Dennoch gibt es viele Erwachsene, die als Kinder nicht in den Genuss derartiger Maßnahmen gekommen sind, weil es damals ein unerschwinglicher Luxus für die Eltern war.

Du magst fünfzig sein und gelernt haben, mit krummen oder gelben Zähnen zu leben, und es mag unnütz scheinen, jetzt noch etwas daran zu ändern. Wenn es dich aber stört oder deinem Erscheinungsbild schadet, dann ist es auf keinen Fall zu spät, etwas dagegen zu tun. Meine Freundin Leslie bekam mit 52 Zahnspangen. Sie schämte sich einige Tage lang, aber erzählte mir, wie aufregend es sei, so etwas zu tun. Denn sie sei sich ihrer Zähne immer bewusst gewesen, seit sich erinnern könne. Drei Wochen später wurden die Spangen entfernt, und als ich ihr begegnete, sah sie irgendwie ganz anders aus. Ich fragte sie, was sich geändert hätte und sie antwortete: „Ich lächle. Du hast mich noch nie richtig lächeln sehen."

Später im Kapitel werde ich darauf zurückkommen, wie wichtig dein Lächeln im Spiel der Anziehungskraft ist. Vergewissere dich, dass du gut darauf achten und alles tun wirst, damit du es voll nutzen kannst. Wir wünschen uns ein langes, langes Leben, also wäre es verfrüht, dein Aussehen bereits mit 50 oder 55 aufzugeben.

Dünn ist in

Ein dickes Thema, über das wir noch sprechen müssen, ist Übergewicht. In unserer Gesellschaft sind Frauen wie Männer von diesem Thema besessen, und interessanterweise sind Männer und Frauen gleichermaßen vom Gewicht der Frauen besessen. Bei Kontaktanzeigen fällt auf, dass sich Männer – als häufigster Punkt – eine Frau wünschen, die schlank ist. (Frauen dagegen legen in ihren Inseraten keinen so großen Wert auf das Gewicht der Männer.)

Es gibt Hunderte von Büchern über Gewicht und Diäten, einschließlich einiger, die besagen, dass der Wunsch der Frauen, dünn zu sein, auf eine Verschwörung der Männer zurückzuführen ist, die damit ihre Vorherrschaft über die Frauen retten wollen. Es gibt politische Theorien über den Kampf von Gewicht und Geschlechtern. Ich habe mit keiner einzigen ein Problem. Als Mensch, der schon immer mit seinem Gewicht zu kämpfen hatte, wünsche ich mir schon lange, dass meine Größe und mein Gewicht das allgemeingültige Ideal wären, und nicht das von Julia Roberts. Aber ich sehe auch, dass man mit der Wirklichkeit besser beraten ist – und Wirklichkeit ist, dass nicht nur die meisten Männer einen schlanken Körper attraktiver finden, sondern ich auch. Ich gebe zu, damit wahrscheinlich ein Opfer der Gehirnwäsche durch Filme, Magazine und Fernsehen zu sein, aber der Schaden ist schon da: Ich fühle mich wohler und glaube, dass ich besser aussehe, wenn ich schlank bin.

Ich musste auch lernen, dass das Ziel, schlank zu sein, für die meisten Übergewichtigen nicht leicht zu erreichen ist. Oft spielen hier tief liegende seelische Ursachen mit. Was aber noch schlimmer ist: Es gibt kaum Mitgefühl oder Verständnis für dieses Problem. Natürlich haben schlanke Menschen wenig oder keine Geduld mit jemandem, der übergewichtig ist: „Es ist doch simpel. Du isst einfach weniger und trainierst mehr." Wenn es so einfach wäre, gäbe es nicht ständig neue Diät-Bücher auf der Bestsellerliste, ganz zu schweigen von Diätkursen, Fitness-Gurus und endlosen Werbesendungen.

Gewicht ist ein beliebtes Thema, über das Frauen jammern und das sie gern als Entschuldigung dafür nutzen, dass sie nicht den Partner haben, den sie gerne hätten. „Ich bin zu dick. Männer mögen nur magere Frauen." Darauf habe ich zwei Antworten. Die erste ist: „Nimm ab." Vielleicht hat bisher nichts geklappt, aber genau so wenig wie du die Partnersuche aufgeben solltest, solltest du nichts unversucht lassen, was so wichtig ist für deine Gesundheit und die Chance, die Beziehung zu finden, die du suchst.

Meine zweite und in vielen Fällen vielleicht die gesündere Antwort ist, zu akzeptieren, wer du bist, und einen Mann zu finden, der „üppige, sinnliche" Frauen bevorzugt. Und diese Männer gibt es. Eine Frau fragte mich auf einem meiner Seminare, was ich von den „Goddess Clubs" („Clubs der Göttinnen") hielte. Ich hatte noch nie davon gehört. Sie erzählte, dass Männer, die übergewichtige Frauen lieben und verehren, in „Goddess Clubs" gehen, um dort entsprechende Damen zu treffen! Das hört sich wunderbar an, besonders wenn sich die übergewichtigen Frauen auch wie Göttinnen fühlen. Wenn du die Art, wie du aussiehst und dich fühlst, magst, wirst du dich sicher nicht ändern wollen, um einen Partner zu finden. Was du willst ist jemand, der dir gegenüber genauso fühlt.

Man kann über all diesen Schönheitskram ziemlich zynisch werden. „Klar könnte ich schön sein, aber dann wäre ich wohl langweilig und armselig." – „Würde sich mein Leben nur um Äußerlichkeiten drehen, könnte ich wunderbar aussehen – und Beruf und die Familie wären schnell im Eimer." Oder wir machen jemanden, der schön oder dünn ist, runter, um zu rechtfertigen, dass wir es nicht sind. „Sie ist so schön schlank, aber nur weil sie raucht" oder „Natürlich sieht sie super aus. Sie tut ja den lieben langen Tag nichts anderes, als Aerobic zu machen und ihre Nägel zu pflegen."

Doch dieses Dich-Erstmal-Selbst-Akzeptieren ist für deinen weiteren Erfolg ein ganz entscheidender Punkt. Denn wenn du dich nicht selbst hübsch und anziehend findest, sogar wenn ein Mann es tut, wirst du eine Beziehung von Anfang an sabotieren. Du wirst ihn dafür, dass er dich mag, herabsetzen, er wird deine Achtung verlieren, und so wird es unmöglich sein, eine wirklich liebevolle, langfristige Beziehung zu entwickeln.

Sich für dein Aussehen zu interessieren und dafür, wie du auf andere wirkst, ehrt die Menschen in deinem Umfeld. Wenn du dich allerdings nur für dein Aussehen interessierst (oder er sich nur für deines), sprechen wir, über eine, schmeichelhaft gesagt, oberflächliche Person. Mit jemandem zusammen sein zu wollen, der attraktiv ist, ist aber ganz normal. Und ob´s dir gefällt oder nicht, so wird es bleiben.

Ohne Lächeln fehlt dir die Hälfte

Du solltest lächeln. Ich empfehle tatsächlich, jede Woche mindestens fünfzig Männer anzulächeln. Du siehst in der Woche keine fünfzig Männer? Deshalb sage ich ja, dass du raus und dich in Gesellschaft begeben musst. „Aber die werden denken, ich will was von ihnen!" Das ist genau der Punkt. Ich sage ja nicht, dass du nachts um halb Drei an den Hafen gehen und Matrosen anlächeln sollst. Aber tagtäglich, wenn du in der Schlange am Bankschalter oder in der Post stehst, im Aufzug zu einem Arzttermin fährst, im Café auf deinen Capuccino wartest, deine Sachen in die Reinigung gibst und Brötchen kaufst – lächle und sag hallo. Es ist kein Geheimnis – doch funktioniert es wie Magie.

Ein Lächeln verwandelt nicht nur dein Gesicht auf wundersame Weise; es signalisiert der anderen Person auch, dass du freundlich, anmutig und zugänglich bist. Und was genauso wichtig ist: Dasselbe sagt es dir selbst.

Dies fiel mir zum ersten Mal auf, als ich vor Jahren als Kellnerin arbeitete. Der Chef des Restaurants forderte mich auf, die Menschen anzulächeln. Ich protestierte, weil es geheuchelt sei zu lächeln, wenn man sich nicht danach fühlt. Er sagte, das wäre ihm egal, er wolle einfach, dass ich lächle. Da ich den Job nicht verlieren wollte, machte ich mal einen Versuch.

Zuerst musste ich mich verstellen, mein Lächeln war künstlich. Aber nachdem ich ein paarmal ein echtes Lächeln als Antwort auf mein unechtes erhielt, begann ich mich tatsächlich glücklicher und freundlicher zu fühlen, mein Lächeln wurde spontaner. Je mehr ich lächelte, desto besser ging es mir, und desto echter wurde mein Lächeln. Als ich später mein Trinkgeld zählte und feststellte, dass es rund 20% mehr war als normalerweise, musste ich lauthals lachen.

Der Grund, warum Lächeln funktioniert, ist, dass jeder Mensch Zurückweisung fürchtet oder versucht, sie zu vermeiden. Ich weiß, du denkst, das ginge nur dir so, aber das stimmt nicht. Lächelst du einen Mann an, spürt er, dass er nicht zurückgewiesen wird, also kommt er auch rüber zu dir. Das funktioniert wie Radar. Alle denken, Männer würden nur die schönsten Frauen ansprechen, auch das stimmt nicht. Normalerweise haben sie sogar Angst, eine schöne Frau anzusprechen. Je schöner und anziehender du also aussiehst, desto mehr musst du lächeln.

Viele schöne Frauen, sogar einige Models, erzählten mir, sie bekämen nie Angebote zum Ausgehen. Sie glauben, dass Männer glauben, sie seien hochnäsig oder arrogant, gestehen aber gleichzeitig: „In Wahrheit bin ich total schüchtern." Ich rate diesen Frauen nur: Lächle, und die Männer werden dich nicht für einen Snob halten. „Aber ich kann nicht. Ich bin so schüchtern!" Kein Problem, es ist physiologisch bewiesen, dass sogar schüchterne Menschen lächeln können. Du musst nicht erst sechs Jahre Therapie hinter dich bringen, bevor du deine Schüchternheit überwindest und einen Mann treffen kannst. Ich persönlich mag schüchterne Menschen, und nichts finde ich anrührender als ein schüchternes Lächeln. Du musst überhaupt nichts an dir ändern, du musst nur eines tun: lächeln!

Eines Abends, als ich noch Single war, saß ich in einer Bar in Seattle. Das ganze Seattle SuperSonics-Basketballteam stürmte herein. Es gab bei uns keine Filmstars, also mussten die Athleten als Stars herhalten, und diese Kerle waren genau mein Typ. Ich befolgte meinen eigenen Rat und lächelte einen der Spieler an. Er war blond, blauäugig, fast zwei Meter groß, und ich hatte gerade gelesen, dass er einen Vertrag über mehrere Millionen Dollar unterzeichnet hatte. Genau mein Typ. Na ja, mein Lächeln wird nicht hoch genug gewesen sein, denn es wurde von einem Kerl neben ihm abgefangen, der nur 1,80 m groß war und zu mir herüber kam. Mein schlecht gezieltes Lächeln landete bei meinem späteren Ehemann, Tony.

Menschen, die uns beide kennen, können es kaum glauben, dass der ziemlich schüchterne, reservierte Tony mich in einer Bar angesprochen hat. Irgendwie passt das nicht zusammen, doch der Grund, weshalb Tony den Mut aufbrachte, mich anzusprechen war, dass er *geglaubt* hatte, ich hätte ihn angelächelt!

Eine Freundin hörte mein „Lächeln-Konzept" in einer Sendung im New Yorker Lokalfernsehen. Obwohl sie es verrückt fand, dies in den Straßen von New York auszuprobieren, versuchte sie noch am gleichen Tag beim Einkaufen Fremde anzulächeln und war beinahe geschockt, als die meisten zurücklächelten und hallo sagten! Natürlich sucht nicht jeder den Augenkontakt und lächelt zurück. Das ist in Ordnung. Es geht ja auch nicht darum, fünfzig Lächeln zu sammeln, sondern sie zu senden.

Carol ist eine gut verdienende Ärztin, fährt ein teures Auto und trägt teure Kleidung. Ihr Problem war: Die Männer fühlten sich entweder von ihr eingeschüchtert oder waren nur auf ihr Geld aus. Sie hatte die Nase voll davon, wollte aber auch nicht ihren Erfolg verbergen, um einen Partner zu finden.

Ich sagte ihr, dass sie meiner Meinung nach in allem Recht habe und fragte, ob sie hören wolle, was ich beobachtet hatte. Ich sagte, sie wirke auf mich ziemlich kritisch, zynisch und abweisend und mein Verdacht sei, dass dies vielleicht die Ursache sei. Ich schlug ihr vor zu lächeln, weil es dazu beitragen könnte, ihre Ausstrahlung zu verändern.

Sie reagierte bestürzt, nahm sich aber meine Worte zu Herzen. Als sie in der folgenden Woche zurückkam, erschien sie mir viel weicher. Sie sagte mir, sie fühle sich weniger angespannt, und auch ihre Freunde hätten eine Veränderung bei ihr bemerkt. Sie hätte auch das Gefühl, die Männer würden jetzt anders auf sie reagieren.

Du wirst vermutlich feststellen, dass du ein freundlicherer, offenerer und fröhlicherer Mensch wirst, wenn du andere anlächelst, aber das ist nur ein Nebeneffekt. Der Haupteffekt wird sein, dass es Menschen, die du anlächelst, viel leichter fällt, mit dir ins Gespräch zu kommen – und tatsächlich werden es auch mehr tun.

Ich kenne viele Paare, die bei ihrer ersten Begegnung in Kontakt kamen, weil einer von ihnen lächelte. Eine Seminarteilnehmerin wachte eines Sonntags auf, als ihr glühend heiß einfiel, dass ihr bis zum Kurs am nächsten Abend noch vierzig Lächeln fehlten. Sie platzierte sich am Ziel des Seattle-Marathons und lächelte die Läufer an, als diese die Ziellinie überschritten. (Das war nicht nur eine ungewöhnlich effiziente Methode, die Hausaufgabe zu erledigen, die Idee befriedigte auch ihr Bedürfnis nach Sicherheit; denn es war kaum zu befürchten, dass jemand, der gerade einen Marathon beendet, sie belästigen würde.)

Zu ihrer Freude kamen anschließend Männer wie Frauen auf sie zu, um ihr zu danken, dass sie da gewesen und wie ermutigend und unterstützend ihr Lächeln gewesen sei. Damit übertraf sie nicht nur das Fünfzig-Lächeln-Limit; sie beendete die Geschichte, indem sie später einen der Läufer heiratete, den sie an diesem Tag kennen gelernt hatte.

6

Geh raus, verabrede dich

Keine Sorge, ich habe nicht vor, dich zu überzeugen, dass Verabredungen Spaß machen. Ich weiß zu gut, wie ätzend sie sein können. Ich weiß aber auch, dass sie funktionieren. Sich zu verabreden, ist ein Glücksspiel, das zu Beziehungen führt: Je mehr Leute du triffst, desto größer wird deine Chance, jemanden zu finden, mit dem dich wirklich etwas verbindet.

Die Ratschläge, Spielregeln, Tipps und Tricks in diesem Kapitel beruhen auf meinen Erfahrungen mit Tausenden von Singles jeden Alters. Es ist eine Art „Überlebens-Führer" für deine Dates, der dir helfen soll, ihre Fehler zu vermeiden und mit so wenig Verschleißerscheinungen wie möglich von der Verabredung zu einer Beziehung zu kommen.

1. Tu es einfach

Wäre dein Ziel, Geschäftsführerin einer Firma zu werden, würdest du sicher nicht sagen: „Ich will auf keinen Fall irgendetwas mit den Kunden zu tun haben" oder „Ich habe keine Lust, mich mit den Marketingleuten zu treffen." Hättest du vor, Pianistin zu werden, würdest du nicht sagen: „Ich habe zum Üben keine Zeit." Würdest du bei den Olympischen Spielen mitschwimmen wollen, kämst du nie auf die Idee zu sagen: „Ich hasse es, wenn meine Haare nass werden."

Aber du, eine Single-Frau, die eine Partnerschaft sucht, denkst so etwas wie: „Ich will zwar einen Partner finden, aber kann Verabredungen nicht ausstehen." Wüsste ich, wann und wo du deinem perfekten Partner begegnest, könnten wir viel Geld für dieses Buch verlangen. Es führt kein Weg daran vorbei: Du wirst in den sauren

Apfel beißen und zu Verabredungen gehen müssen. Zu vielen Verabredungen.

Frauen sagen mir: „Alle Typen, mit denen ich ausgegangen bin, sind entweder emotionale Krüppel oder Blödmänner." Ich frage zurück: „Wie viele Verabredungen hattest du im letzten Jahr?" Die Antwort: „Zwei." Ich behaupte, dass das viel zu wenig ist, um ein derart pauschales Urteil abzugeben. Verkäufer wissen, dass nicht jeder potenzielle Kunde zwangsläufig ein Käufer wird, deshalb rufen sie einen Kunden nach dem anderen an. Sie betrachten sich als erfolgreich, wenn dann einer von zwölf eine Bestellung unterschreibt.

Wie ich in Kapitel 4 sagte, solltest du durchaus pingelig sein. Deshalb wirst du eine Menge Männer „abarbeiten" müssen, bis du deinen „herausgepingelt" hast. Zum Glück gibt es zahlreiche Möglichkeiten, z. B. Kontaktanzeigen, Partnervermittlungen, deinen Freundes- und Bekanntenkreis, die dir bei der Suche nach Menschen helfen können, mit denen du dich verabreden kannst. Weiter unten in diesem Kapitel findest du Tipps, wie du das Beste aus all diesen Möglichkeiten machen kannst.

2. Sei nicht überheblich

Die Leute erzählen mir immer, sie wären niemals an jemandem interessiert, der in Bars herumhängt, eine Partnervermittlung nutzt oder zu einem Blind-date geht. Ich behaupte, dass sie keine blasse Ahnung haben. Bei Verabredungen geht es nicht darum, die Wahl einzugrenzen, sondern sie zu erweitern.

Zwei der größten Fehler, die frau auf der Suche nach einem Partner machen kann, ist, zu denken, sie wüsste, welche Menschen ihr „Typ" sind, und wo sie sie treffen kann. (Der Mythos, du wüsstest, wer dein Typ ist, hat mitunter derart katastrophale Folgen, dass ich ihm ein ganzes Kapitel gewidmet habe.)

3. Klage nicht über Zeitmangel

Sogar vielbeschäftigte Leute nehmen sich Zeit für die Dinge, die ihnen am wichtigsten sind. Einen Partner fürs Leben zu finden, ist ein Projekt von höchster Priorität. Und es wird die Zeit beanspruchen, die etwas so Wichtiges erwartungsgemäß braucht.

In einer Episode der amerikanischen TV-Serie Ally McBeal erklärt Ally ihrer Mitbewohnerin, warum sie selbst etwas unternimmt, um den Richtigen zu finden: „Wir sind zwei Frauen, die zwölf Stunden täglich ihrem Beruf nachgehen. Wir sind uns einig, dass unser Privatleben wichtiger ist als der Beruf; trotzdem unternehmen wir nichts, machen keinerlei Anstrengungen und verbringen nicht einen Bruchteil der Zeit damit, ein Privatleben zu haben."

Zudem wirst du, wenn du erst einen Partner hast, Zeit mit ihm verbringen wollen. Mach es dir also jetzt schon zur Gewohnheit, dir Zeit für eine Beziehung zu nehmen.

4. Mach's dir leichter

Als du neunzehn warst, musste man dich nicht erst davon überzeugen, dass jemand der perfekte Ehemann ist, bevor du dich mit ihm auf einen Kaffee verabredet hast. Mit zunehmendem Alter fingst du an, Verabredungen viel zu ernst zu nehmen. Du verwechseltest ein gemeinsames Abendessen mit dem Abschluss eines Kreditvertrags.

Meine Freundin Carol erzählte mir von einem Typen, der sie vor kurzem anrief, weil ein Freund ihm ihre Nummer gegeben hatte. Während ihres ersten Telefonats sagte er: „Ich bin Arzt. Ich übergebe gerade meine Praxis. Wenn das geregelt ist, ziehe ich nach Israel. Die Frau, die ich suche, muss Jüdin sein oder zum Judentum konvertieren, ein koscheres Haus führen und unsere Kinder nach jüdischem Gesetz erziehen." Sie sagte: „Und ich dachte, wir würden vielleicht zusammen ins Kino gehen."

Ob jemand der Partner fürs Leben ist, sollte man nach der Verabredung klären, nicht vorher. Das ist der Sinn von Verabredungen.

5. Geh unter Leute

Der Grund, warum sich in Schule und Uni Beziehungen spontan ergeben, liegt wie schon gesagt darin, dass du fast ständig soziale Kontakte hattest. Später verbrachtest du die meiste Zeit in der Arbeit, wo im Gegensatz zum Studentenleben die meisten Leute weder allein stehend noch verfügbar noch liebreizend sind.

Früher ermutigte ich die Leute, mit ihren Arbeitskollegen auszugehen, doch angesichts der zunehmenden Spannungen zwischen Mann und Frau am Arbeitsplatz rate ich inzwischen zur Vorsicht. Wenn du nicht Gefahr läufst, Unternehmensregeln zu verletzen und dein Arbeitsumfeld angenehm ist, kann das Büro durchaus ein guter Platz sein, um mit dem anderen Geschlecht in Kontakt zu kommen.

Die beste Art, Leute zu treffen ist, einfach den Dingen nachzugehen, die du gerne tust, Dinge, die mit deinen Interessen übereinstimmen. Wenn du gern ins Theater gehst, statt zu Hause zu sitzen und Videos anzusehen, geh ins Theater, besuch Gesprächsgruppen über Theaterthemen, schließ dich der Initiative an, die Mittel für das Theater beschaffen möchte usw. Ich empfehle auch Aktivitäten, bei denen du Männern wahrscheinlicher begegnen wirst. So würde ich nicht unbedingt an einem Strickkurs teilnehmen, um Männer kennen zu lernen, sondern anfangen, Golf zu spielen oder zum Angeln zu gehen. „Ich habe keine Lust", wirst du sagen, „jemandem etwas vorzulügen und so zu tun, als hätte ich Interesse daran, nur um einen Mann zu treffen. Wenn wir dann verheiratet sind, erwartet er, dass ich jeden Dienstagabend mit zum Kegeln gehe!"

Lüge und Täuschung haben in einer Beziehung nichts zu suchen, deshalb tu nichts, was du in Wirklichkeit hasst. Es ist allerdings ein Pluspunkt, für neue Dinge aufgeschlossen zu sein. Etwas Neues zu versuchen, belebt und hält jung. Neue Interessen zu haben, ist aufregend und erfrischend. Viele Frauen, die neue Dinge ausprobiert haben, um Männer kennen zu lernen, haben dabei ein neues Hobby, eine neue Leidenschaft gefunden. Eine Freundin lernte Skeet-Schießen, lernte einen Mann kennen und fand ganz nebenbei ein wunderbares Hobby – eigentlich eher eine neue Sucht – und eine ganze Reihe neuer Freunde. Sie ist nicht nur verliebt; sie fährt auch noch total auf ihren Sport ab.

Männer treffen zu wollen, ist allein schon ein Grund, etwas zu unternehmen. Als Schülerin oder Studentin hätten wir nie gedacht, es sei falsch, am gesellschaftlichen Leben teilzunehmen oder Kultur- oder Sportveranstaltungen zu besuchen. Wenn du die Idee begraben kannst, dass irgendetwas falsch an deinem Partnerwunsch ist (und ich hoffe, du hast das beim Durcharbeiten der ersten Kapitel geschafft), dann kannst du jede Scheu ablegen, gewisse Plätze aufzusuchen, um neue Männer zu treffen.

Lass also alle versteckten Aktivitäten und starte eine frische, offene Kampagne, um neuen Männern zu begegnen. Sorg dafür, dass sich deine Freunde um dich kümmern, nicht nur um dir Verabredungen zu vermitteln, sondern auch Aktivitäten, an denen du ihrer Meinung nach teilnehmen solltest: Vorträge in ihrem Betrieb, gemütliche Runden nach Arbeitsschluss, Gemeindeversammlungen und, und, und.

All das sind gute Plätze, um Menschen kennen zu lernen und aktiv zu werden. Du brauchst dir keine Gedanken machen, ob alle Anwesenden Single sind oder nicht, denn wenn du neue Leute kennen lernst, haben diese wiederum Freunde, die Singles sind. Wie du weißt, sind 40% der erwachsenen Bevölkerung Singles, also geh aus und du wirst sie treffen.

Wenn du aber das ganze Verabredungsding nicht auf die Reihe kriegst und nicht ausgehst, um Männer zu treffen, weil du überzeugt bist, zu schüchtern, zu verwundbar oder zu zerbrechlich zu sein, dann gibt es für dich noch eines zu tun – *bete!* Wenn du diesen Weg nutzen möchtest, geh in deine Kirche, um zu beten.

6. Werde persönlich

Wenn du Leute triffst, ist es wichtig, sie wirklich kennen zu lernen – das ist etwas anderes, als nur Zeit mit ihnen zu verbringen. Small

Talk macht Spaß und ist ein Weg, mit der Persönlichkeit deines Gegenübers vertraut zu werden, doch solltest du auch versuchen, Offenheit für tiefer gehende Gespräche zu schaffen.

Auch in diesem Punkt waren wir in unserer Schulzeit viel besser. Da konntest du jemanden auf einem Fest treffen und schon am nächsten Tag das Gefühl haben, ihr wäret gute Freunde. Es war nicht ungewöhnlich, mit jemandem, den du eben erst getroffen hattest, die halbe Nacht zu verbringen und euch näher kennen zu lernen. Als du älter wurdest, machtest du dir mehr Gedanken, was aus einer Beziehung werden würde, wohin sie führen würde, und hattest kaum mehr Interesse, mit jemandem zusammen zu sein, bloß um Erfahrungen auszutauschen.

Um mit einem Mann näher in Kontakt zu kommen, musst du lernen, ein guter Fragensteller zu werden. Sprichst du mit Leuten, die du eben kennen gelernt hast, fragst du üblicherweise nach ihrem Job, wo sie aufgewachsen sind, wo sie gern Skifahren gehen, was für Restaurants sie mögen und so weiter. Du prüfst die Verpackung, kommst aber nie zum Inhalt. Solche Fragen helfen dir herauszufinden, ob jemand zu deinem Lebensstil passt, nicht aber, wie er wirklich ist. Dabei ist deine innere Haltung, mit der du Fragen stellst, ebenso wichtig wie die Fragen selbst. Es geht dabei nicht darum, in das Privatleben anderer Menschen einzudringen oder sie auszufragen, wie viele Kinder sie sich wünschen. Du sprichst nicht mit einem Mann, um herauszubekommen, ob er ein geeigneter Ehemann ist. Du versuchst einfach, ihn besser kennen zu lernen.

Wenn du nicht wirklich an jemandem interessiert bist, versuch einfach, so zu tun, als wärest du es. Es könnte sein, dass sich dabei echtes Interesse entwickelt. Der Schlüssel ist, *zuzuhören*. Und weil Menschen, die sich nicht nur um sich selbst drehen, selten sind, sei nicht überrascht, wenn deine Offenheit dein Gegenüber dazu bringt, dich faszinierend zu finden.

Wenn du bei Verabredungen für einen persönlichen Kontakt offen bist, kannst du sicher sein, dass dir „der Eine" nicht durch die Finger rutscht. Und wenn du jemanden aussortierst, ist deine Entscheidung begründet. Du weißt, wen du ziehen lässt.

7. Jage nicht im Rudel

Geh nicht mit mehr als einer Freundin aus – ein größeres „Rudel" von Frauen wirkt eher einschüchternd. Besser noch, du gehst ganz alleine. So kannst du dich besser darauf konzentrieren, Menschen kennen zu lernen und du wirkst ansprechbarer und zugänglicher. Zudem brauchst du dich dann nicht um die Meinung anderer scheren. Es ist schwierig genug, jemand Neues kennen zu lernen, auch ohne die Kommentare deiner Freundin: „Was interessiert dich denn ausgerechnet an *dem*?" oder „Ich pack´s nicht, wie konntest du nur mit *dem* Typen flirten!" Wenn du mit Freundin oder Freund ausgehst, mach auch klar, dass der Ausflug Teil *deines* Projekts ist und vergewissere dich, dass er oder sie dein Ziel, Leute kennen zu lernen, wirklich unterstützt.

Plädoyer für die Bars

Viele Frauen denken: „In meinem Alter kann ich nicht in Bars gehen." Doch finden sich auch Bars mit älterem, gehobenerem Publikum, wenn du dich nicht scheust, danach zu suchen. Fakt ist, viele Menschen gehen gezielt in Bars, um Menschen kennen zu lernen. Eben deshalb sagen manche Frauen: „Da geh ich nicht hin. Das ist die nackte Fleischbeschau." Obwohl es schlicht nicht stimmt, wird auch argumentiert: „In Bars kannst du keine Männer kennen lernen, dort sind doch alle Alkoholiker."

Zwar finden sich in Bars immer wieder auch Männer, die nur jemanden für eine Nacht abschleppen wollen, doch auf die Mehrheit trifft das nicht zu. Bars können also ein guter Ort sein, um Männer kennen zu lernen. Doch verlasse niemals eine Bar mit jemandem, den du hier eben erst kennen gelernt hast. Lass dir seine Telefonnummer geben oder verabrede ein Treffen an einem neutralen Ort, bis du dich sicher genug fühlst, dass alles in Ordnung ist.

Du musst in deiner Stadt vielleicht ein wenig forschen, um herauszufinden, welche Bars von Menschen besucht werden, die du treffen möchtest. Leute, die Tony und mich kennen, finden es witzig, dass ich meinen Mann in einer Bar kennen gelernt habe, obwohl ich keinen Tropfen Alkohol trinke. Und du wirst, solltest du in letzter Zeit keine Bars besucht haben, überrascht sein von der Vielfalt an Softdrinks und Mineralwassern, die dort konsumiert werden.

Gehst du in eine Bar (oder sonst wohin), behalte immer im Auge, was du dort eigentlich willst. Ich erinnere mich gut daran, dass ich immer wieder gefragt wurde: „Was macht so eine intelligente, gutaussehende Frau wie Sie in einer Bar?" Meine Antwort war: „Um jemanden kennen zu lernen. Und weshalb sind Sie hier?"

8. Lade keinen Mann ein

Die meisten Männer reagieren nicht besonders gut darauf, von einer Frau zum Ausgehen eingeladen zu werden. Obwohl sich in Beziehungen in den letzten Jahren viel geändert hat, gilt immer noch das ungeschriebene Gesetz, dass der Mann die Frau fragt, ob sie mit ihm ausgehen möchte. So wie es den meisten Männern unangenehm wäre, würdest du ihnen die Türe aufhalten, kann eine solche Einladung den Anfang etwas komplizieren.

„Aber", protestieren jetzt die Frauen, „das widerspricht allem, was du bisher gesagt hast. Jetzt muss ich nicht nur warten und hoffen, dass mich ein Mann entdeckt, sondern auch, dass der Kerl, der mich findet, einer ist, der mich auch interessiert. Ich hab in der Angelegenheit wohl überhaupt nichts zu sagen!"

Dann sind da noch die Männer, die behaupten, die große Ausnahme zu sein, weil es ihnen gefällt, von Frauen eingeladen zu werden. (Warum gefällt es ihnen, von Frauen eingeladen zu werden? Weil sie eine Zurückweisung vermeiden können. Lasst doch mal zur Abwechslung die Frauen spüren, wie es ist, einen Korb zu bekommen!) Doch dieselben Männer werden ziemlich nervös, wenn eine Frau sie wirklich einlädt. Irgendwie ist ihre Männlichkeit bedroht. Ihre Rolle im Ritual des Werbens ist nicht mehr klar.

Ich schlage einen Weg vor, bei dem du nichts zu verlieren hast. Sag einem Mann, an dem du interessiert bist, beispielsweise: „Ich habe mich gefreut, mich mit dir zu unterhalten (dich getroffen zu haben, dich kennen gelernt zu haben, dir zufällig über den Weg gelaufen zu sein ...). Ich würde mich wirklich freuen, mal wieder mit dir auszugehen."

Mit diesem Satz bekommt ein Mann, was er braucht: Er kann ziemlich sicher sein, dass du ihn nicht zurückweisen wirst. Und du behältst die Wahl, an wem du interessiert bist und trägst zu einer Verabredung bei.

Der Satz setzt den Mann auch nicht unter Druck, wie es die direkte Frage nach einer Verabredung tun würde. Sie ist zuvorkommend und erlaubt ihm, sich wie ein Mann zu fühlen und dich einzuladen. Und dir erlaubt sie, dich wie eine Frau zu fühlen, die eingeladen wurde. Es fühlt sich gut und „richtig" an und mindert die Peinlichkeit zu klären, wer wen eingeladen hat, wer zahlt usw.

Wenn du einen Mann schon ein paar Mal getroffen hast und ihn gern fragen möchtest, ob er mit dir ins Konzert oder ins Kino geht, schön, aber mein Rat wäre, noch etwas zu warten.

Ich kann nicht oft genug betonen, wie wichtig es ist, Männern mitzuteilen, dass du mit ihnen ausgehen möchtest. Das musst du unbedingt tun. Wie du merken wirst, laden Männer Frauen nicht einfach so ein. Der Grund dafür wird in Kapitel 10 genauer geklärt, in dem ich über Verpflichtungen spreche. Der entscheidende Punkt dabei ist, dass bei Männern der Grenzwert für Ablehnung schon im Alter von achtzehn erreicht wurde. Sie werden dich nicht einladen, bis sie sicher sind, keinen Korb von dir zu bekommen.

Noch subtiler darfst du aber nicht vorgehen. Nur zu sagen, dass du das Zusammensein mit ihnen genossen hast, wird wahrscheinlich nicht ausreichen. Sogar zu sagen, dass du hoffst, sie mal wieder zu sehen, ist normalerweise nicht genug. Das ist mein Ernst. Ich habe diese Frage mit Hunderten von Männern besprochen. Was du als offensichtliche Einladung betrachtest, ist für sie noch lange keine.

Das magst du vielleicht ein wenig peinlich finden, doch das Ergebnis wird dich erstaunen. Ich garantiere, es funktioniert. Der Punkt ist, du musst anfangen, dich zu verabreden, und zwar *jetzt*. Du wirst dieses Buch nicht heute gelesen und morgen einen Partner gefunden haben; bis dahin musst du schon einige Verabredungen hinter dich bringen. Und der oben erwähnte Satz wird dir dabei von großem Nutzen sein.

Natürlich wird dich nicht jeder Mann, zu dem du den Satz sagst, einladen, aber ich sage, wenn du ihn bei zehn Männern anbringst, wirst du jede Woche mindestens eine Verabredung haben. Ich weiß, du suchst nicht nur eine Verabredung, sondern eine echte Beziehung. In Kapitel 7 wirst du erfahren, dass es nicht ganz so einfach ist, geradewegs sagen zu können, welcher der Bewerber sich letztendlich als der „Eine" entpuppen wird. Aber allein die Tatsache, dass du raus gehst, wird bewirken, Männer zu treffen – wo immer du sein magst.

Eine Seminarteilnehmerin schrieb mit drei Monate nach einem Seminar, sie hätte seitdem mehr Verabredungen gehabt als in ihrem ganzen Leben. Sie erwähnte dabei, dass sie 55 sei. „Ich bin kein kleines Schnuckelchen im Minirock mehr. und trotzdem habe ich mehr Einladungen als je zuvor!" Was aber den Unterschied zu früher ausmache, sei, dass sie nun den Männern sagte, wie gern sie wieder mit ihnen ausgehen würde. Das war der entscheidende Punkt.

Nach der ersten Verabredung solltest du also, vorausgesetzt, du möchtest überhaupt eine zweite, in klaren Worten (im Gegensatz zu Körpersprache oder einer Anspielung) sagen, dass es dir wirklich gut gefallen hat und du dich freust, wenn er wieder mit dir ausgehen wird. Ich weiß, es klingt lächerlich, aber ich weiß, wovon ich spreche. Die Männer in meinen Seminaren müssen an dieser Stelle immer lachen, weil auch sie erkennen, wie schwer von Begriff sie manchmal sind.

„Das schaff ich nie", sagst du? Dann lass es. Ich kann es nicht für dich tun, aber was hast du bisher versucht, das funktioniert hätte? Eine Seminarteilnehmerin schoss an dieser Stelle hoch, um der

Klasse zu verkünden: „Ich glaube nicht, dass wir so etwas tun sollten." Einverstanden. Und, wenn wir schon beim Protestieren sind, möchte ich hinzufügen, dass wir nicht dick werden sollten, wenn wir Schokolade essen, und ich außerdem eine Million Dollar verdienen sollte.

Ich weiß, mein Rat widerspricht dem etlicher anderer Bücher, die z. B. folgende Taktik vorschlagen: Wenn dich am Freitag ein Mann anruft, um sich mit dir für Samstag oder Sonntag zu verabreden, sollst du in jedem Fall ablehnen, selbst wenn du in Wahrheit Zeit hättest und gern mit ihm ausgehen würdest. Was ich an diesem Rat bemängle, ist, dass er nicht funktioniert – besonders nicht bei Männern über vierzig, die über wenig „Ablehnungstoleranz" verfügen. Folgst du diesem Rat – das sage ich voraus – wirst du in neun von zehn Fällen nie wieder von dem Mann hören; nicht weil er desinteressiert wäre (natürlich war er interessiert; er hat dich ja eingeladen!), sondern weil es ihm beim ersten Mal schwer genug fiel, dich zu fragen. Eine Zurückweisung kann ihn für Monate davon abhalten, irgendeine Frau wieder einzuladen. Ich spreche hier nicht nur von schwachen Männern. Denn Fakt ist häufig auch, je stärker und erfolgreicher ein Mann ist, desto mehr verabscheut er Fehlschläge oder Ablehnung.

Deshalb musst du einen Mann nicht nur wissen lassen, dass du gern mit ihm ausgehen möchtest, sondern, falls er dich dann fragt, es auch tatsächlich tun. Solltest du beschäftigt sein, wenn er dich einlädt, sag ihm das nicht einfach so. Sag ihm, dass du sehr gern mit ihm ausgehen würdest und schlag ihm einen anderen Termin vor.

9. Biete an, selbst zu bezahlen

Biete an, dein Abendessen, Getränke, Kinokarte usw. selbst zu bezahlen, wenn du eine Verabredung annimmst. Besteh nicht darauf, wenn der Mann dein Angebot ablehnt. Du wirst feststellen, dass Männer das Angebot wirklich zu schätzen wissen. Eine andere Art sich zu revanchieren wäre, ihn ein andermal einzuladen.

10. Verabrede dich defensiv

Viele Frauen klagen darüber, dass man heutzutage nicht weiß, auf wen man da draußen treffen wird. Es gibt Spanner, Massenmörder und echte Psychopathen, und auch ich kenne mehr Gruselgeschichten, als mir lieb ist.

Niemand kann diese Fakten wegreden, auch ich nicht. Ich sehe jedoch die Gefahren, die eine Verabredung mit sich bringen kann ähnlich, wie die Gefahren im Straßenverkehr. Nichts ist gefährlicher, als sich auf der Straße zu bewegen. Die Zahl der Verkehrsunfälle und Unglücke ist endlos. Obwohl sich die meisten von uns dieser Gefahren bewusst sind, fahren sie trotzdem Auto und versuchen, vorsichtig und vor anderen Verkehrsteilnehmern auf der Hut zu sein.

Die gleiche Achtsamkeit, das gleiche Bewusstsein sind auch bei Verabredungen gefragt. Die Tatsache, dass es Gefahren gibt, sollte dich nicht davon abhalten, dich zu verabreden; sie sollte dich aber dazu veranlassen, Vorsicht walten zu lassen. Geh zu Beginn einer Beziehung nie mit einem Mann in seine oder deine Wohnung. Solange du jemanden nicht gut kennst oder er dir nicht von jemandem, der ihn gut kennt, bekannt gemacht wurde, dann trefft euch die ersten Male in der Öffentlichkeit.

Für Single-Mütter

Viele Alleinerziehende finden, es sei schwieriger für sie, sich zu verabreden. Sie haben Recht. Jede Person, die zu einer bestehenden Beziehung dazukommt, macht die Sache komplizierter und komplexer. Allein stehend zu sein, braucht dich aber nicht davon abhalten, einen Partner zu finden.

Obwohl deine Kinder Priorität haben, musst du Zeit für dich und für eine Beziehung finden. Ganz nebenbei wird es dein Wohlbefinden positiv beeinflussen, was deinen Kindern nur zu Gute kommt. Ich empfehle, pro Woche einen Abend für diesen Zweck zu reservieren. Hör auf, deine Kinder als Entschuldigung vorzuschieben.

Bestimmt findest du jemanden, der sich um sie kümmert; wir sprechen von nur einem Abend pro Woche.

Lass deine Kinder erstmal aus dem Spiel, bis sich eine Beziehung entwickelt hat. Sag nicht: „Mich gibt´s nur im Paket und jeder, der sich mit mir trifft, muss auch meine Kinder kennen lernen – und umgekehrt." Ich meine nicht, du solltest deine Kinder verstecken oder verleugnen, dass du allein erziehend bist, sondern warte einfach, bis sich die Beziehung gefestigt hat, bevor du die Kinder mit einbringst. Am Anfang ist eine Beziehung zerbrechlich. Erst wenn ein starkes Fundament geschaffen ist – indem man sich besser kennen gelernt und sich Nähe und Vertrauen entwickelt haben – kann eine Beziehung die Belastung tragen, die Kinder manchmal mit sich bringen.

Der Schutz der Beziehung ist nicht der wichtigste Grund für meinen Rat. Es tut den Kindern nicht gut, wenn du sie Beziehungen aussetzt, die noch nicht sicher und gefestigt sind. Bricht die Beziehung auseinander, sind die Kinder die Verlierer. Wenn deine Kinder den Mann mögen, mit dem du ausgehst, kann dies Hoffnungen, Erwartungen und ein Gefühl der Zugehörigkeit wecken; und das verwandelt sich in ein Gefühl von Verlust und Enttäuschung, falls die Beziehung auseinander bricht. Mögen aber deine Kinder diesen Mann nicht, kann das eine schwierige, frustrierende Erfahrung für sie sein – und der solltest du sie nicht unnötigerweise aussetzen.

Verabredung mit einem allein erziehenden Mann

Entgegen der vorherrschenden Meinung gilt: Du musst seine Kinder nicht mögen, um eine gute Partnerschaft führen zu können – und sie müssen dich nicht mögen. Es kann dauern, bis sich eine Beziehung zwischen dir und seinen Kindern entwickelt, und es kann sein, das sie nie besonders warmherzig wird. „Erträglich" wäre ausreichend.

Wichtig ist, seinen Kindern (und dir selbst) klar zu machen, dass du nicht versuchst, die Mutter zu ersetzen. Versuche auch nicht, seine Kinder zu bemuttern und dränge nie ungefragt deinen Rat auf, selbst wenn du denkst, du wüsstest es besser. Das ist in vielen Beziehungen eine Quelle für echte Probleme. Also: halt' dich raus! Falls ihr beide Kinder habt, können die Dinge noch komplizierter werden. Es gibt spezialisierte Berater/innen, die Hilfe bei Problemen geben, wie sie häufig in „Mischfamilien" auftreten. Wenn du also in Schwierigkeiten kommst, warte nicht, dir diese Unterstützung zu holen. Eine entsprechende Begleitung – lieber früher als später – kann eine große Hilfe sein, diese Herausforderungen zu bestehen und dir viel Schmerz ersparen.

Verabredungs-Hilfen

In den meisten größeren Städten wimmelt es von Kontaktanzeigen, Online-Partnerschaftsdiensten, Single-Gruppen, Clubs und Veranstaltungen. Wie so oft kommt es auch hier darauf an, was du hineinsteckst, bevor du etwas herausbekommst. Nur einem Verein beizutreten oder ein Inserat zu schalten, reicht nicht; du musst bei Veranstaltungen auftauchen und dich bemühen, die Leute kennen zu lernen, die du dort antriffst.

Und denk daran, der Zweck all dieser Möglichkeiten ist, neue Menschen in dein Leben zu bringen und nicht, sie zu bewerten oder von vornherein auszusieben.

Kontaktanzeigen

Beginne damit, eine oder mehrere Publikationen für dein Inserat auszuwählen. Du kannst die Sache wie bei einem Geschäftsinserat angehen und aus diversen Veröffentlichungen die aussuchen, die deiner Zielgruppe entspricht, oder einfach die Zeitung oder Zeitschrift auswählen, die du gern liest. Lies am besten ein ganzes Bündel von Inseraten, um ein Gefühl für die Materie zu bekommen. Merk dir Länge, Inhalt und Stil der Inserate, die dir gefallen, und lass dich für deine eigene inspirieren.

Der größte Fehler bei Kontaktanzeigen ist, zu viele Bedingungen aufzulisten, um Leute auszusortieren. Es ist in Ordnung, einige Punkte zu erwähnen, die dir wichtig sind, aber übertreib nicht. Das Ziel ist, ein Maximum an neuen Möglichkeiten zu schaffen. Der richtige Zeitpunkt zum Auswählen kommt noch: nachdem du dich mit den Interessierten getroffen hast, nicht vorher.

Der Schlüssel, mit den Zuschriften auf dein Inserat sinnvoll umzugehen, ist: antworte *allen* (offensichtliche Widerlinge einmal ausgenommen). Der Sinn dieses Vorgehens war Sally nicht klar, als sie ihre Kontaktanzeige schaltete. Sie trennte ihre 45 Antworten in einen „Gut-" und einen „Schlecht"-Stapel. Sieben Männer schafften es in den guten Stapel, und es gab 38 Absagen. Sie rief die „Guten" an. Der Erste wurde gleich am Telefon aussortiert, der Zweite wies sie nach drei viel versprechenden Verabredungen zurück. Nach dieser Ablehnung war ihr die Lust vergangen, noch irgendeinen Mann anzurufen.

Während unseres Seminars merkte Sally, dass sie es mit ihren Auswahl-Kriterien ein bisschen übertrieben hatte. Sie sah, dass sie den Beantwortern kaum eine Chance gegeben hatte. Also ging sie die beiden Stapel noch einmal durch. Sie begann, die übrigen Bewerber nacheinander anzurufen, bis sie auf halbem Weg durch den Stapel auf einen Mann stieß, den sie total gern hatte – und noch im Verlauf desselben Jahres heiratete. Beide amüsieren heute noch darüber, dass er die Nr. 19 im „Schlecht-Stapel" war.

Was es unbedingt zu vermeiden gilt, ist ein überlanges erstes Telefonat. Nachdem man drei Stunden lang telefoniert hat, kann das erste Treffen ziemlich frustrierend sein. Versuche, das Telefongespräch auf zehn oder fünfzehn Minuten zu begrenzen.

Macht jemand am Telefon einen guten Eindruck auf dich, verabrede Zeit und Ort für ein Treffen. Normalerweise ist es am Besten, sich an einem öffentlichen Ort wie einem Café, Restaurant oder Park zu treffen. Auch wenn ich die Idee, dass ein Mann eine Frau zu Hause abholt, persönlich sehr mag, rate ich davon ab, wenn du eine Anzeigenbekanntschaft zum ersten Mal triffst.

Internet-Bekanntschaften

Bekanntschaften im Internet zu schließen macht Spaß, wird immer beliebter und kann sehr erfolgreich sein, wenn man es richtig anstellt. Inzwischen gibt es Unmengen von Schwarzen Brettern, Chatrooms und Benutzergruppen, die einen „Ort" schaffen, an dem du Kontakt zu Singles mit Internetzugang aufnehmen kannst. Das erweist sich bei größerer geographischer Entfernung zwar mitunter als unpraktisch, ist es aber wert, erkundet zu werden.

Versuch dich zu unterschiedlichen Tageszeiten und Wochentagen anzumelden. Hast du eine Verbindung zu jemandem aufgenommen, den du interessant findest, warte nicht zu lange mit einem persönlichen Treffen. Sonst könnte es sein, dass du viel Zeit und Energie in eine Fantasie-Beziehung steckst, statt Menschen aus Fleisch und Blut kennen zu lernen.

Katie rief mich ganz glückselig an. Sie konnte es nicht erwarten, mir mitzuteilen, dass sie eine Beziehung habe. Ich freute mich unsagbar für sie. Sie war eine begabte, lebhafte Künstlerin, leider aber ziemlich übergewichtig und hatte schon etliche Rückschläge bei der Partnersuche hinnehmen müssen. „Erzähl mir alles über ihn. Wie habt ihr euch kennen gelernt?" „Im Internet. Er lebt in Montana, wir haben so vieles gemeinsam. Es ist so wunderbar, miteinander zu sprechen. Er ist so nett."

Ich bekam ein flaues Gefühl im Magen, denn ich ahnte die Antwort auf meine nächste Frage. „Habt ihr euch schon getroffen?" „Nein, werden wir aber bald. Ich warte, bis ich etwas abgenommen habe." So vorsichtig ich konnte, versuchte ich ihr beizubringen, das es zwar völlig in Ordnung sei, den Kontakt mit dem Mann fortzusetzen, es sich aber um keine Beziehung handle, solange sie sich nicht wenigstens einmal getroffen hatten. In Wahrheit war Katies Beziehung reine Fantasie. Und er war eine Art Brieffreund, was völlig in Ordnung ist, solange dies nicht zur Entschuldigung dafür wird, eine reale Beziehung zu vermeiden oder zu verschieben. Ich machte mir in erster Linie nicht Sorgen, er könne sie wegen ihrer Körperfülle zurückweisen, sondern fürchtete, die Fantasie-Beziehung würde bei der ersten Begegnung wie eine Seifenblase platzen.

Und so kam es. Erstaunlicherweise verlor Katie schnell jede Menge Gewicht, hüpfte ins Flugzeug nach Montana und strahlte wie tausend Sterntaler. Doch nach kaum einer Stunde des Beisammenseins erkannte sie, dass sie einen schlimmen Fehler gemacht hatte. Obwohl sie sich vorher mit diesem Menschen stundenlang unterhalten hatte, waren die Warnsignale, die es dabei gab, leicht zu überhören, solange sie sich nicht von Angesicht zu Angesicht gegenüber standen.

Versteh´ mich nicht falsch. Ich kenne viele Paare, die sich über das Internet kennen gelernt haben. Ich möchte nur warnen: Selbst wenn ihr viele Stunden online verbracht habt – solange ihr euch nicht persönlich kennen gelernt habt, ist alles nur ein Vorspiel und keine Beziehung.

Partnervermittlungen

Viele Leute in meinen Seminaren beklagen sich, sie hätten es „mit einer Partnervermittlung versucht" und niemanden kennen gelernt. Fragte ich genauer zurück, zeigte sich der Grund. Sie hatten ihr Video abgeschickt und gewartet, dass jemand sie entdeckte. Das ist ungefähr so, wie in ein Fitnessstudio zu gehen, nicht zu trainieren und sich dann zu beschweren, dass man noch immer keine tolle Figur habe. Nach dem Seminar gingen einige der Frauen nochmal zu ihrer Vermittlung, machten sich die Mühe, die Videos der anderen Mitglieder anzuschauen und nahmen Kontakt zu ihnen auf. Und natürlich brachte das Ergebnisse.

Lass dich nicht von den hohen Gebühren abschrecken, die manche Agenturen verlangen. Normalerweise ist es möglich, eine niedrigere Gebühr auszuhandeln. Versuchs einfach. Erinnere dich, Zweck all dieser Verabredungs-Varianten ist es, neue Menschen in dein Leben zu bringen. Nutze sie, um mit so vielen Leuten wie möglich in Kontakt zu kommen.

Es gibt viele Arten von Partnerschaftsdiensten. Manche haben tolle Ideen und machen wirklich Spaß, wie z. B. Blind-Dinner-Abende. Einige werden sich für deinen Zweck als geeigneter erweisen als andere. Nimm dir also die Zeit herauszufinden, welche Mittel für dich verfügbar und sinnvoll sind.

Wenn nicht jetzt, wann dann?

Vielleicht denkst du gerade, dass du eigentlich überhaupt keinen Partner finden möchtest. Das Ganze hört sich nach einer Unmenge Arbeit an, und dafür hast du weder Zeit noch Energie. Alles in allem bist du gar nicht so unglücklich. Du hast gute Freunde, Familie, einen Beruf. Hört sich das bekannt an? Das sind die Gedanken, die dich zur Untätigkeit verleiten. Das mag ja für eine Zeitlang okay sein, doch deine wirklichen Absichten werden sich nicht in Luft auflösen. Sie werden sich im Lauf der Zeit nur in Verbitterung und Bedauern umwandeln.

Erinnere dich daran, weshalb du dir eine Beziehung wünschst und was du von einer Beziehung erwartest. Dies ist auch der richtige Zeitpunkt, die Person, die dich unterstützt, anzurufen, um dir zur Erinnerung einen freundlichen Tritt in den Hintern geben zu lassen. Je mehr und früher du aktiv wirst, desto eher wirst du einen Partner finden. Ich weiß, du willst es nicht hinschmeißen, und du musst es auch nicht.

Mit den Begriffen *Verabredung* und *Single* werden im Allgemeinen Aktivitäten verbunden, die nur jüngeren Menschen vorbehalten sind. Viele Frauen über vierzig glauben, sie könnten nicht an Plätze gehen, wo man Männer trifft, weil sie riskieren würden, seltsam aufzufallen. Sie haben Recht. Immer dann, wenn du neue Orte aufsuchst, um andere Menschen kennen zu lernen, riskierst du, seltsam aufzufallen – ganz unabhängig vom Alter. Doch das größere Risiko ist, beurteilt und zurückgewiesen zu werden. Wie ich schon sagte, ist Ablehnung das größte Hindernis, das du auf der Partnersuche überwinden musst.

Was mich damals motivierte rauszugehen, war die Erkenntnis, dass der mögliche Gewinn die Risiken aufwiegen würde. Würde ich nicht rausgehen, wären meine Chancen, jemanden zu finden, ziemlich gering. Ich wusste, dass ich mir Liebe und Zuneigung in meinem Leben wünschte, also war ich bereit, Peinlichkeit, Demütigung und Ablehnung zu riskieren. Und ehrlicherweise muss ich sagen, ich habe das volle Programm abbekommen. Es war furchtbar. Ich hab mich nie daran gewöhnt. Aber es war es wert!

Orte, wo du Männer triffst

Geh zu Sportveranstaltungen:

Golfturniere

Tennisturniere

Basketball-, Handball-, Fußballspiele

Werde sportlich aktiv:

Squash

Volleyball

Aerobic- oder Fitness-Center

Triathlontraining

Segeln oder Windsurfen

Jogging

Kampfsportarten

Skifahren (besonders mit einem Skiclub)

Reiten

Fahrradfahren

Tennisvereine (gemischtes Doppel)

Wandern oder Bergsteigen

Rafting

Tanzschulen (z. B. Standard, Tango, Salsa, Steppen)

Buche Kurse oder Stunden in:

Bootfahren

Kunst

Investment

Handwerken

Zeichnen/Malen

Fotografieren

Kochen

Sprachen

Golf

Kauf ein in:

Männerbekleidungsgeschäften

Autozubehörläden

Unterhaltungselektronikmärkten

Buchläden

Sportgeschäften

Computerläden

Weingeschäften

Kameraläden

Baumärkten

Autohäusern

Besuche kulturelle Ereignisse:

Galerieeröffnungen/Vernissagen

Theateraufführungen (einschließlich Diskussionsgruppen)

Museen

Klassische Konzerte, Opern

Arbeite ehrenamtlich:

in einem Krankenhaus

in einer Wohltätigkeitsorganisation

in einer politischen Partei

in einer Bürger-/Stadtteilinitiative

bei einem Radio-/Fernsehsender

als Touristenführer

in einem Kunstmuseum

bei einer Spendenaktion

für wohltätige Zwecke/Initiativen

für einen Turniersport

Halte dich auf an/in:

Rennstrecken

Yacht-/Segelclubs

Auktionen

Bibliotheken

Cafés/Museen

Autowaschanlagen

Straßenfesten

Flohmärkten

Und sonst:

Reise allein oder nimm an einer Single-Reise teil

Geh zur „Happy Hour" in Bars

Nimm an einer Single-Dinner-Gruppe teil oder gründe eine

Frühstücke alleine in der Nähe eines Geschäftsviertels

Geh in den Zoo (viele Single-Eltern sind dort mit ihren Kindern unterwegs)

Geh mit deiner Nichte oder deinem Neffen in den Park

Unterrichte (z. B. an der Volkshochschule)

Fang ein neues Hobby an

Geh im Park mit deinem Hund spazieren (wenn du keinen eigenen hast, borg dir einen)

Trete einem Chor- oder Gesangsverein bei

Geh zu Single-Veranstaltungen

Besuche Internet-Singlegruppen

Stell dich am Ende der Schlange an (Kino, Metzgerei, Bank usw.)

Besuche Camping-, Boots- und Automessen.

7

Du hast keine Ahnung,
wer dein Typ ist

Die Wahrheit ist: Du weißt nicht, wer dein „Typ" ist! Und das ist
kein Problem. Ganz im Gegenteil. Sollte dir dieses Kapitel irgendwie von Nutzen sein, dann hoffentlich deshalb, weil es dich dankbar sein lässt angesichts der Tatsache, dass du deinen Typ eben
nicht kennst. Ist dir das bewusst, kannst du ehrlich sagen, dass du
dich in einer Phase des Forschens und der Entwicklung befindest –
und offen bist, alle Männertypen kennen zu lernen. Du erforschst,
wer wirklich zu dir passt, wem du dich nah und vertraut fühlst, mit
wem du Spaß hast, bei wem du dich wohl fühlst – und bei wem du
dich unglücklich, hässlich oder blöd vorkommst. Nicht zu wissen,
wer dein Typ ist, ist also eine richtig gute Sache.

Allerdings: Du bist dir absolut sicher, deinen Typ zu kennen. Du
weißt, wen du magst; du weißt, auf welche Männer du wirkst. Du
bist kein Kind mehr; du hast aus Erfahrungen gelernt, hast dich
verabredet, Beziehungen gehabt – und *du bist sicher, deinen Typ zu
kennen*. Eben *das* ist das Problem. Denn wohin hat dich dieses
Wissen gebracht? Hierher, ins Alleinsein, zum Lesen dieses Buchs.

Tatsächlich bist du mit deinem Typ wieder und wieder ausgegangen. Vielleicht hast du deinen Typ sogar immer wieder geheiratet.
Das Wissen darum, wer dein Typ ist, hat dich nicht weit gebracht
(sofern du keine Witwe bist, deren Beziehung durch den Tod ihres
Mannes beendet wurde). Es hat dich nicht zu einer nährenden,
dauerhaften Partnerschaft geführt. Deinen Typ zu kennen – diese
spezielle Chemie, dieses Gefühl, das dir sagt, dass *er* der Eine ist –
es arbeitet nicht für dich.

Ich glaube, jüdische Mädchen werden von ihren Eltern darauf programmiert, einen Doktor heiraten zu wollen (einen jüdischen natürlich). Es muss irgendein Wunderding gewesen sein, das den Babys in die Wiege gelegt wurde und diese Chemie schuf. Ich weiß nur, dass ich wie verrückt gegen diesen elterlichen Druck rebellierte, ein Hippie war, radikale Politik machte, marschierte, protestierte und mich nicht unter den Armen rasierte. Und dennoch fing mein Herz zu flattern an, sobald ein Mann sagte, er studiere Medizin oder sei Arzt – ich war begeistert. Und das passiert mir heute noch!

Die Zahl der Ärzte, mit denen ich mich in all den Jahren verabredete, entsprach der eines größeren Krankenhauses, doch keine der Verabredungen führte zu einer langfristigen, tiefen Beziehung. Ich will damit nicht sagen, Ärzte seien beziehungsunfähig. Ich sage nur, dass mein „Typ" nicht mein Typ ist!

Die Schriftstellerin Rita Mae Braun definiert Wahnsinn als den Zwang, immer und immer wieder das Gleiche zu tun und dabei ein neues Ergebnis zu erwarten. Ich bin nicht deine Therapeutin, aber du könntest dir selbst die Frage stellen: Passiert nicht genau das, wenn du deinem „Typ" hinterher rennst und Chemie, Gefühlen und Instinkt bei der Auswahl deiner Männer das Ruder überlässt?

Aber die Lage wird erst einmal noch viel schlimmer, bevor sie besser wird. Deinen Typ zu kennen, ist ein richtig großes Problem, aber längst nicht das größte. Das größte Problem ist zu wissen, wer *nicht* dein Typ ist – und das nach den ersten zehn Sekunden einer Begegnung zu wissen. Manche haben es darin zu einer solchen Meisterschaft gebracht, dass ihr es schon wisst, *bevor* ihr ihn getroffen habt. „Oh, er ist Installateur? [Zahnarzt, Ingenieur, Lehrer, Malermeister] Das ist einfach nicht mein Typ!" „Er reitet? [raucht, spielt Fußball, hat Kinder] Das ist absolut nicht mein Typ."

Der größte Fehler, den Menschen auf Partnersuche machen, ist, andere auf Grundlage der ersten spürbaren oder nicht spürbaren „Chemie" vorschnell auszusortieren.

Natürlich haben Menschen bei der Partnerwahl schon immer „die Chemie" benutzt, dieses mysteriöse Gefühl, das irgendwie das

Zeichen dafür sein soll, um festzustellen, ob diese Person unser Seelenverwandter ist oder nicht. Ich werde diese Chemie für euch entmystifizieren.

Männer und Frauen lebten erstmals in Paargemeinschaften zusammen, als Menschen noch in Höhlen wohnten. Der Grund dafür war weniger das Bedürfnis nach Sex oder Liebe, sondern das reine Überleben. Als Jäger und Sammler mussten sie ihre Höhlen verlassen, um Nahrung zu finden, hatten aber gleichzeitig Nachwuchs, der anders als die meisten Tieren sehr intensiv betreut werden musste. Um als Spezies überleben zu können, war Zusammenarbeit gefragt. Die Männer gingen hinaus und beschafften Nahrung, die Frauen hatten Babys und kümmerten sich um sie.

Für eine Frau bestand die Wahl des richtigen Partners darin, einen guten Jäger zu finden, einen, der von der Jagd mit dem Hauptgewinn nach Hause kam, nicht mit einem mickrigen Kaninchen. Ihr Leben und das Leben der Kinder hingen von den Fähigkeiten und Leistungen dieses Mannes ab. Der Mann dagegen suchte eine Frau, die gutes Zuchtmaterial abgab. Sie war stark, gesund und hatte die richtigen Hüften, um sich hinzuhocken, ein Baby in die Welt zu setzen und noch am selben Abend ein Essen auf den Tisch zu bringen – und ihr Geruch stimulierte sein sexuelles Interesse.

Die ausschlaggebenden Kriterien bei der Partnerwahl waren also zwei: erstens reich (viel Nahrung) und zweitens sexy. Interessant, oder? Besonders, wenn man sieht, wie weit uns das gebracht hat: Bis zum heutigen Tag besteht die „Chemie" aus eben diesen Komponenten. Die Gefühle, die du in der Magengrube fühlst, sind ein Überlebensinstinkt, der bis zu unseren Höhlen bewohnenden Vorfahren zurückgeht. Es war ein nützlicher Instinkt, weil er dafür sorgte, dass die Spezies überlebte und sich vermehrte. Doch mit Persönlichkeit, spiritueller Verbindung, Liebe oder Nähe hat er nicht das Geringste zu tun.

Unser Problem aber ist nicht so sehr der Instinkt, sondern wie wir die „Chemie" interpretieren, die wir fühlen. Wenn mit einem Mann auf Anhieb die Chemie stimmt (du weißt schon, wenn dein Herz rast, du rot wirst und aufgeregt bist), interpretierst du das als Zeichen, dass das so sein sollte. Du denkst, dass dieser Mann nicht nur dein Typ ist, sondern wahrscheinlich auch die erste Wahl für die Position deines Seelenpartners. Du denkst, Chemie wäre ein sehr individuelles, persönliches Phänomen, doch tatsächlich handelt es sich um einen prähistorischen Überlebensinstinkt, der allen menschlichen Wesen zu eigen ist. Er ist so individuell wie die Fähigkeit, auf zwei Beinen zu gehen.

Was wäre, wenn ich dir sagte, ich wollte dich einem kleinen Mann um die fünfzig mit einer großen Nase, dicken Brillengläsern und abstehenden Ohren vorstellen? Nicht dein Fall? Hört sich interessant an? Was, wenn ich dir sagte, dass sein Name Steven Spielberg ist? Verändert sich deine innere Haltung? Verändert sich dein Chemie-Quotient?

Jetzt stell ich dich einem Prachtkerl vor: groß, gutaussehend, kraftvoll, sexy. Darf ich Frank vorstellen, ein Tänzer, der für seinen Lebensunterhalt strippt! Nicht interessiert, oder? Diskussion überflüssig, du weißt, er ist nicht dein Typ. Vielleicht für eine Nacht, wenn du mal richtig scharf bist, aber wegen seines „Berufs" scheidet er von vornherein aus.

Was aber, wenn ich einem Herrn der Schöpfung die wahre Traumfrau vorstelle, eine strahlende Schönheit mit makelloser Haut, wundervollem Haar und perfektem Körper. Sie heißt Nicole und verkauft Streuselkuchen im Supermarkt. „Na und?", sagt er, „wenigstens arbeitet sie; ich bin doch kein Snob."

Wirklich? Da ist Renate, eine außergewöhnliche Frau und berühmte Herzchirurgin. Menschen aus aller Welt kommen, um ihre chirurgischen Techniken zu studieren. Zudem ist sie eine erfahrene Bergsteigerin und hat alle höheren Gipfel der Welt bezwungen. Sie sieht ganz passabel aus, ist nicht hässlich, hat aber dicke Waden und Oberschenkel. Was? Nicht so interessiert?

Für Männer basiert Chemie im Wesentlichen immer darauf, wie eine Frau aussieht; für Frauen geht es primär immer darum, was ein Mann tut. Das „Reiche-Männer-Sexy-Frauen-Syndrom" ist nach Tausenden von Jahren immer noch quicklebendig.

Jeder ist stinksauer deswegen. Frauen jammern, dass sich Männer nur für die Größe ihrer Brüste und den Körperfettanteil interessieren. Und Männer denken, Frauen seien nur am Gewicht ihrer Brieftasche interessiert.

Doch in dem ganzen Chemie-Geschäft sind die Männer einfach unfair im Vorteil. Ich frag einen Mann, was er tut. Er wird sauer, weil ich mich nur dafür interessiere, was er verdient. Aber ich sage: „Du musst dir meine Brüste anschauen. Ich würde gern wissen, was du dann tust." Alles, was Männer machen müssen, um ihre Chemie in Fahrt zu bringen, ist: Hinschauen. Die Frauen müssen den Papierkram machen. Aber sich über die Chemie zu ärgern, macht so viel Sinn, wie sich über Regen in London aufzuregen. Es ist, wie es ist.

Diese Chemie hatte für die Generation unserer Mütter und bis vor kurzem vielleicht sogar für uns ihren Wert. Die meisten Frauen brauchten zur finanziellen Absicherung einen Ehemann. Sehr wenige Frauen arbeiteten außer Haus, und es galt als ungewöhnliche Härte, wenn eine Frau, die Kinder aufzog, auch noch arbeiten musste. Und ein guter „Ernährer" war *per definitionem* ein guter Ehemann. Es war Ehrensache, Frau und Kinder zu unterstützen, im Gegensatz zu heute, wo diese Übereinkunft herablassend als „Essensmarke" bezeichnet wird.

Nicht ganz so offensichtlich war, dass ein Mann verheiratet sein musste, denn er brauchte eine Ehefrau als Eintrittskarte für die Gesellschaft. Ein unverheirateter Mann wurde nicht akzeptiert, war verdächtig. Er konnte auf der Karriereleiter nicht weit klettern, für politische Ämter war er ungeeignet. Und er brauchte nicht nur eine Gattin, sie musste auch ein entsprechendes „Äußeres" besitzen. Sah seine Frau wie eine Schlampe aus oder benahm sich entsprechend, konnte er seine Karriere vergessen. Eine Frau war ein Aktiv- oder ein Passivposten für die Karriere des Mannes, einzig und allein durch ihr äußeres Benehmen.

Erst in jüngster Zeit haben sich die Motive für das Eingehen von Beziehungen geändert. Die überwiegende Zahl der Frauen braucht keine Männer mehr, um zu überleben. Und Männer brauchen keine

Ehefrau mehr, um ihre Karriere abzusichern. An die Stelle funktionaler Notwendigkeiten sind vor allem seelische oder emotionale Bedürfnisse getreten. Menschen suchen heute ein Gefühl der Sicherheit und Zusammengehörigkeit. Sie suchen Intimität, jemanden, mit dem sie das Leben teilen können. Wir wollen tiefe, leidenschaftliche Beziehungen. Wir möchten jemanden, mit dem wir reden, lachen, dem wir nah sein können. Nichtsdestotrotz reagieren wir wie ehedem auf Menschen, die unserer „Chemie" entsprechen oder die funktionale Notwendigkeiten erfüllen, die es nicht mehr gibt.

Es ist Chemie, die die meisten entscheiden lässt, ob jemand euer „Typ" ist oder nicht. An der Chemie ist nichts falsch, aber ihr Nutzen ist begrenzt. Ich glaube, Chemie ist etwas sehr Schönes, aber sie hat nur Freizeitwert. Wenn ich auf Reisen bin, sehe ich mir im Hotelzimmer gern Spielfilme an. Mein Hauptkriterium bei der Auswahl ist, ob Brad Pitt mitspielt oder nicht. Das heißt keineswegs, dass es besonders tolle Filme wären (leider waren seine letzten Filme ziemlich dröge), sondern dass meine Chemie auf Brad Pitt anschlägt – meine ganz persönliche Chemie. Du kannst mir das bestimmt nicht nachfühlen, denn es ist eine ganz persönliche Seelenverwandtschaft zwischen mir und Brad ... Und der Grund, weshalb ich diese Filme so mag, ist die Chemie.

Wenn du die Chemie fühlst, genieß es. Flirte, soviel du willst. Aber nimm sie nicht zu ernst. Und bitte benutze sie nicht als einzigen Maßstab dafür, ob eine Beziehung auf lange Sicht erfolgreich sein wird. Eine anfangs positive Reaktion deiner Eingeweide ist weder gleichbedeutend mit einer guten Beziehung, noch bedeutet eine neutrale oder gar negative Reaktion das Gegenteil.

Jeder Zusammenhang zwischen der allerersten Reaktion und dem, was sich im Laufe einer Beziehung entwickelt, ist wahrscheinlich nichts als Zufall. Wenn du dich jemals mit einem Mann eingelassen hast, mit dem dich eine tolle Chemie verband, nur um später entdecken zu müssen, dass es nach dem ersten Knistern nichts Verbindendes gab, weißt du, wovon ich spreche.

Und was ist mit „Liebe auf den ersten Blick"? Was ist mit deiner Cousine und ihrem Mann, die eine klasse Ehe führen und vom ersten Augenblick wussten, dass sie füreinander bestimmt waren? Ja, das ist wahr, das gibt es.

Bedenke auch: In meinen Kursen stelle ich die Aufgabe, zwei glücklich verheiratete Paare über ihre Beziehung zu befragen, und besonders über ihre erste Begegnung (die erste Herausforderung ist schon, zwei glücklich verheiratete Paare zu finden). Bis heute haben die Kursteilnehmer mehr als zweitausend Paare interviewt. Nicht zweitausend Paare, die einander tolerieren oder zusammen bleiben, weil es bequemer ist. Ich spreche von ungefähr zweitausend Paaren in langfristigen, zutiefst leidenschaftlichen Beziehungen. Und rate mal: Gefragt, ob beim ersten Mal, als sie sich begegneten, die Chemie stimmte, antworteten 90% dieser Paare mit Nein!

Die anfängliche Chemie als einzigen Gradmesser dafür zu benutzen, ob du mit einem Mann einen Kaffee trinken gehst oder nicht, ist lächerlich. Würdest du dein Geld in ein Projekt investieren, das nur 10% Erfolgschancen hätte?

Trotzdem: Viele Leute können diesem Risiko nicht widerstehen. Kaum haben sie dieses „magische" Gefühl, sind sie auf und davon. Das überrascht nicht. Wenn die Chemie stimmt, magst du ihn vom ersten Augenblick. Es ist leicht, zusammen zu kommen. Flirten geht wie von selbst. Du bist ganz wild darauf, ihn näher kennen zu lernen. Du brauchst nur der Natur ihren Lauf lassen, und bevor du dich versiehst, bist du Hals über Kopf „ver-wickelt".

Ist keine Chemie vorhanden, gibt es ein echtes Problem. Du hast keine Lust, den anderen näher kennen zu lernen, trotzdem kannst du nur dadurch feststellen, ob es wirklich eine Verbindung zwischen euch gibt.

Heißt das, man sollte einen Bogen um jemand machen, mit dem die Chemie nicht auf Anhieb stimmt? Absolut nicht. Springt der Funke sofort über, lern ihn auf jeden Fall besser kennen. Aber du solltest das genauso versuchen, wenn die Chemie nicht sofort stimmt. Gibst du jemandem eine Chance, der nicht dein „Typ" zu sein scheint, könntest du zwischen euch beiden eine Anziehungskraft entdecken, die sich langsamer aufbaut, aber intensiver und leidenschaftlicher ist. Und das ist die Art von Chemie, die auf Dauer wirken kann.

Jenseits der „Chemie"

In meinen Seminaren ermutige ich die Leute, „Talent-Scouts" zu werden. Aufgabe eines Talent-Scouts ist es, Stars zu finden, bevor sie einer geworden sind. Man kann kein Geld damit machen, jemanden zu entdecken, der schon entdeckt wurde. Bisher bist du immer dem Glitter hinterhergelaufen, den Leuten, die auf Anhieb wirken. Und vermutlich musstest du feststellen, dass sie schon vergeben sind oder nicht halten, was sie versprechen.

Angenommen, du gehst auf eine Party. Dort gibt es zehn „verfügbare" Männer. Zwei von ihnen sind Stars: sie strahlen. Zwei sind Hunde: sie bellen. Du gehst also auf die Stars zu und machst einen großen Bogen um die Hunde. Einer von ihnen behandelt dich herablassend; der andere verschwindet mit einem Claudia-Schiffer-Double. Wenn dich am nächsten Tag jemand fragt, wie denn die Party war, wirst du sagen: „Ganz okay, aber es gab nur einen einzigen interessanten Mann, und der ging, bevor ich ihn ansprechen konnte." Ich sage: Es waren sechs Männer da, die du überhaupt nicht wahrgenommen hast. Du siehst die Stars, du siehst die Hunde, aber an allen anderen gehst du vorbei, falls ihr Kontostand nicht in Neon aufleuchtet.

Und ich rede von wirklichen Stars, Stars vom Typ Tom Hanks, nicht von Trostpreisen, nicht von „Gemessen-an-meiner-Durchschnittlichkeit-ist-das-das-Beste-was-erwarten-kann-Typen". Ich spreche von Gold, und du lässt es einfach links liegen.

Wir alle sind schon Leuten begegnet, von denen wir das Gefühl hatten, sie wären echt heiß – um uns ernüchtert abzuwenden, sobald sie den Mund aufmachten. Auch das Gegenteil ist möglich.

Wir treffen auf Menschen, bei denen die Chemie nicht gleich stimmt, aber nach einiger Zeit sehen wir Qualitäten, die wir nicht auf Anhieb entdecken konnten. Sogar körperliche Anziehung bleibt manchmal unbemerkt. Oft ist das wahre Aussehen von Menschen erst zu erkennen, wenn sie zu sprechen anfangen und lebendig werden oder lächeln. Oder du hast wegen der ausgebeulten Klamotten seinen tollen Körper nicht entdecken können. Selbst Oberflächlichkeiten wie Blicke bekommst du nicht unbedingt sofort mit. So verpasst du all die wirklich tollen Dinge, wenn du Männer aufgrund deines Bauchgefühls vorschnell beurteilst.

Stars werden gemacht, nicht geboren – und wir alle haben die Macht, Menschen in Stars zu verwandeln. Viele Leute sehen viel besser aus, wenn wir sie kennen gelernt haben. Denn Menschen haben die Eigenschaft aufzublühen, wenn sie glücklich und erfüllt sind, wie es in guten Beziehungen der Fall ist.

Wenn ich in meinen Seminaren hundert Leute frage: „Wer von euch wirkt auf Anhieb auf Menschen, die euch vorschnell beurteilen?", melden sich nie mehr als fünf oder sechs Teilnehmer. Ich hatte auch schon Gruppen, in denen niemand die Hand hob. Dann frage ich: „Wer von euch fühlt sich wohl dabei, sich bei der ersten Verabredung so zu zeigen, wie er wirklich ist?" Wieder heben nicht mehr als sechs Leute ihre Hand. Darauf baue ich meine Anklage auf: „Die meisten von euch wirken nicht auf Anhieb überzeugend, fast niemand ist bei der ersten Verabredung wirklich präsent. Trotzdem habt ihr die Arroganz zu behaupten, ihr hättet die „Wahrnehmungsgabe" und „Intuition", um andere Menschen schnell einschätzen zu können." Eben damit liegst du falsch, genau so falsch wie die vielen Männer, die nicht versucht haben, dich kennen zu lernen.

Frauen erzählen mir ständig, sie wüssten, dass sie eine Beziehung finden könnten. Dabei suchen sie viel mehr als eine Beziehung; sie wollen einen Seelenpartner. Sie möchten etwas Tiefes und Vertrautes. Gleichzeitig sind sich eben diese Frauen sicher, den „Einen" durch oberflächlichste Methoden entdecken zu können.

Mein Vorschlag ist, den Menschen mehr Zeit einzuräumen, bevor du entscheidest, sie abzulehnen. Wenn du am Ende der ersten Verabredung beschließt, dass er „zwar nett, aber überhaupt nicht mein Typ" ist, schlage ich vor, dass du meine Drei-Dates-Regel ausprobierst: Solange dein Gegenüber nicht ungehobelt und unhöflich ist oder stinkt, versuche dein Urteil zurückzustellen, bis du mindestens drei Mal mit ihm ausgegangen bist. Hätte ich diesen Rat nicht selbst befolgt (wenn auch unwissentlich), wäre ich heute nicht verheiratet.

Ich hör dich schon jammern, dass ich dich auffordere, deine Zeit zu verplempern oder Kompromisse zu schließen, um mit jemandem zusammen zu sein, den du körperlich unattraktiv findest. Ich sage nicht, du solltest faule Kompromisse machen oder deine Maßstäbe senken. Ich sage nicht, du solltest eine Beziehung eingehen mit jemandem, den du physisch abstoßend findest. Ich denke, dass sexuelle Anziehungskraft äußerst wichtig ist. Ich schlage einfach vor, dass du noch ein paar Stunden investierst, um diesen Menschen besser kennen zu lernen. Es ist auf Anhieb schwer zu sagen, wie anziehend jemand auf dich wirklich wirkt. Nicht, dass deine Erwartungen zu hoch wären; sie sind schlicht zu ungenau.

Als ich meinen Mann Tony das erste Mal traf, sortierte ich ihn als potenziellen Partner sofort aus, weil mein „Rastersystem" sehr eng war – es war eine Auflistung von Eigenschaften, von denen ich glaubte, sie würden meinen „Typ" verkörpern. Ich wies ihn ab, weil sich dieses Bauchgefühl nicht einstellte, wie ich es bei Männern spürte, die ich aufregend und kraftvoll fand.

Ich brauchte zwei Wochen, bis ich hinter die oberflächlichen Qualitäten sehen konnte, die Tony für mich unattraktiv machten. Nachdem ich ihn besser kennen gelernt hatte, bemerkte ich, dass seine Ruhe, die ich zuerst als Schwäche sah, in Wahrheit kraftvoller war als das Macho-Getue, das ich mit Stärke gleichgesetzt hatte. Ich entdeckte, dass er einen tiefen Sinn für Humor hatte, dass er gefühlvoll und intelligent war. Ich war so sehr auf die Qualitäten meines „Typs" fixiert, dass ich die meisten seiner besten Eigenschaften übersehen hatte. Und je besser ich ihn kennen lernte, umso mehr spürte ich, wie perfekt er für mich war.

Diese Erfahrung machte mich demütiger. Ich kann dir leicht erzählen, du hättest keine Ahnung, wer dein Typ ist – aber *ich* war überzeugt davon, genau zu wissen, wer mein Typ ist. Ich habe einen Magister in Psychologie, und mein Erfolg als Beraterin war von der Fähigkeit abhängig, in Menschen wie in einem offenen Buch zu lesen. Ich hielt mich für einen tollen Menschenkenner und für scharfsinniger als alle anderen. Ich war mir absolut sicher, dass Tony nicht mein Typ ist – und lag mit meiner Einschätzung voll daneben.

Einmal war ich Gast in einer Fernseh-Talkshow in Seattle. Der zweite Gast war ein Mann, der zum begehrtesten Junggesellen der Stadt gewählt worden war. Irgendwann in der Show sah er zu mir herüber und meinte mit wissendem Unterton: „Nita, Sie können doch auf Anhieb sagen, ob es mit einer Frau klappen wird oder nicht!?" Ich antwortete, ich hätte inzwischen gelernt, auf solche vorschnellen Statements zu verzichten – weshalb ich glücklich verheiratet sei und er mit fünfzig immer noch Single.

Seit zehn Jahren bekomme ich Feedback von Seminarteilnehmern, und es zeigt, dass mit der „Drei-Dates-Regel" Verabredungen vollkommen anders verlaufen. Viele Leute sagen mir, sie wären nie mit ihren Partnern zusammen gekommen, hätten sie diese Regel nicht befolgt.

Ein Beispiel dafür war eine faszinierende, unglaublich talentierte Frau, die über den Mangel an Romantik in ihrem Leben klagte. „Ich bekomme laufend Einladungen", erzählte sie, „aber das Problem ist, das ich niemanden finden kann, den ich nach dem ersten Date ein zweites Mal treffen möchte. Es gibt einfach keine tollen Männer."

Meine Antennen fuhren aus. Ich empfahl ihr, die Drei-Dates-Regel anzuwenden. Sie ging wieder aus, und obwohl sich am Ende des Abends wieder dasselbe alte Gefühl der Gleichgültigkeit einstellte, stimmte sie einer zweiten Verabredung zu, weil sie sich vorge-

nommen hatte, es mit der Regel zu versuchen. Zu ihrer Überra-
schung fand sie den Mann nach dem zweiten Abend ganz nett.
Nach dem dritten fand sie ihn umwerfend nett. Und nach der fünf-
ten Verabredung sagte sie mir, sie hätte nie einen interessanteren
Mann getroffen. Ich erinnerte sie daran, dass sie nie zuvor einem
Mann diese Chance gegeben hatte. Wie viele andere war auch sie
perfekt darin, Leute auszusieben.

Was aber, wenn du dreimal mit jemandem ausgehst und die Geschichte entwickelt sich – Gott bewahre – zu keiner leidenschaftlichen Beziehung fürs Leben? Ich weiß, du würdest deine wertvolle
Zeit lieber mit einem Buch verbringen, aber Zeit mit Menschen zu
verbringen, um ihre Träume zu entdecken, ihr Leben zu erforschen
– das ist der Stoff, aus dem die Bücher gemacht sind, die du lieber
lesen würdest. Selbst Widerlinge können spannend sein. Und wenn
du immer noch denkst, es wäre Zeitverschwendung – du *musst*
deine Zeit verschwenden. Weil du aufgrund des ersten Eindrucks
nicht beurteilen kannst, wer dieser Mensch wirklich ist. Ich weiß,
du denkst, du bist dazu in der Lage, aber dieses Denken hat dich zu
nichts geführt. Menschen sind viel zu komplex.

Wir alle tragen viele ungeschriebene Regeln und Gesetze mit uns
herum, mit denen wir Leute schon bei der ersten Begegnung ab-
qualifizieren. Ich nenne sie „Nein-Liste". Je länger diese „Nein-
Liste" ist, desto weniger Männer wirst du kennen lernen. Falls du
aber mal einen genauen Blick auf deine „Nein-Liste" wirfst, kannst
du feststellen, dass viele dieser „Richtlinien" nichts mit dem zu tun
haben, was du in einer Beziehung suchst.

Schließt du von vornherein Männer aus, die jünger oder kleiner
sind? Die einen Bart tragen? Oder Goldkettchen? Oder Birken-
stocks? Vielleicht würdest du dich nie mit einem Mann verabreden,
der weniger verdient als du. Wahrscheinlich kannst du einen Müll-
container mit all den Regeln füllen, wie sich eine Person kleiden,
pflegen, tanzen, sprechen, essen, reden und gehen sollte. Stell einfach mal deine Konzepte vorübergehend beiseite, bis du die Dinge
ausgetestet hast, die wirklich wichtig sind. Dinge, mit denen du
wirst leben müssen, z. B. die Überzeugungen und der Charakter

eines Menschen. Ein Goldkettchen lässt sich abnehmen; eine schlechte Persönlichkeit nicht.

Um zu entscheiden, ob du dich weiter mit einem Mann treffen solltest, konzentriere dich darauf, wie du dich mit ihm fühlst. Frag dich: „Fühle ich mich wohl?" „Inspiriert er meine guten Qualitäten?" „Fühle ich mich angenommen, gehört, attraktiv?" „Mag ich mich, wenn ich mit ihm zusammen bin?" Frage dich: „Fühle ich mich von dieser Beziehung genährt?" Richte deine Aufmerksamkeit achtsam darauf, wie es dir geht, wenn du mit ihm zusammen bist. Bis über beide Ohren verliebt zu sein, kann deine Urteilskraft trüben. Verbringst du die meiste Zeit damit, einen guten Eindruck zu machen? Spielst du ihm vor, jemand anderer oder etwas anderes zu sein, damit er dich lieber mag? Versuche, die Situation realistisch einzuschätzen und frag dich, ob es da wirkliche Übereinstimmung gibt. Mir ist es egal, ob er Mick Jagger oder Woody Allen ist. Wenn du dich nicht wohl fühlst, was hast du dort verloren?

8

Komm drüber weg!

Der schwierigste Punkt an neuen Beziehungen ist dein Wissen um Beziehungen. Es ist wirklich schwierig, offen zu sein gegenüber jedem neuen Menschen, dem wir begegnen, und ihn als neue Chance anzusehen – nicht als Erinnerung an frühere Beziehungen, besonders an die schlechten. Wenn du dich nicht öffnen kannst, wäre deine einzige Chance ein Mensch, der vollkommen anders ist als alle, denen du je im Leben begegnet bist. Aber das wird nicht passieren. Denn bevor dir das klar ist, wirst du dich erinnern, dass er irgendetwas hat, was auch die anderen hatten – und wenn's nur der Penis ist.

Selbstvertrauen stärken

Das Einzige, was viele Frauen aus ihren Fehlschlägen oder Verletzungen gelernt haben, ist, dass sie so etwas *nie wieder* zulassen werden. Nie wieder werden sie so viel geben. Nie wieder so viel lieben. Nie wieder werden sie jemandem so vertrauen, wenn es um Geld, Zeit, Liebe und Leben geht. Solche Frauen verhalten sich von Anfang an defensiv, und das ist ein schlimmeres Handikap als Übergewicht oder Krähenfüße.

Wie ich schon sagte, ist nichts weniger anziehend als Zynismus und Bitterkeit (siehe Kapitel 5 „Räum dein Herz auf"). Frauen dieses Typs sind immer zur Stelle, wenn du dich über Männer und Ehe-Frust ausweinen willst. Sie wissen viel, sind voller Horrorgeschichten und immer bereit, mit jedem in Wettstreit darüber zu treten, wer von allen am übelsten hereingelegt wurde.

Eine der besten Geschichten dieser Art kann meine Freundin Laura erzählen. Sie heiratete ihre College-Liebe, einen Harvard-Absolventen. Rick besaß alles, wovon (so hatte man ihr erzählt) eine Frau nur träumt: Er war groß, gutaussehend, sehr klug und stammte aus einer guten Familie mit sehr viel Geld. Zudem verkörperte er Werte, die zu dieser Zeit hoch im Kurs waren: Er war intellektuell, sensibel, tiefgründig – ein rundum perfekter Fang also. Sie heirateten, sein Geschäft war erfolgreich, sie bauten ein märchenhaftes Haus und bekamen zwei wunderschöne, gesunde Kinder. Alles war, wie es sein sollte.

Von Anfang hatte an Rick großes Interesse an spirituellen Dingen; er las Bücher über östliche Religionen und besuchte ab und zu Workshops. Nach sechs, sieben Jahren Ehe rückte dieses Interesse mehr und mehr in den Mittelpunkt. Eines Tages bemerkte Laura, dass ihr Mann Kleidung einer bestimmten religiösen Sekte trug, über die sie nichts wusste und an der sie keine Spur interessiert war. Monatelang lagen sie sich in den Haaren und trennten sich schließlich. Sie fühlte sich betrogen, war völlig geschockt und von dem Gefühl überwältigt, in die Falle gelockt worden zu sein. „Ich hatte mir bestimmt nicht vorgestellt, einmal mit einem Sektenmitglied zusammen zu leben."

In den nächsten Jahren versuchte sie, zu retten was zu retten war. Sie wusste, sie hatte diesen Mann geliebt, und wollte alles zum Besten ihrer Kinder tun. Sie las viel, besuchte Kurse im Ashram, sogar ihre Kleidung passte sie an. Schließlich ertrug sie es nicht länger; sie konnte mit den „neuen" Werten ihres Mannes nicht leben.

Laura ist schön, hoch intelligent und hat eine einnehmende, anziehende Persönlichkeit. Eine neue Beziehung zu finden sollte da kein Problem sein. Sie war definitiv an Männern interessiert, aber mehr als jede Frau, die ich je zuvor getroffen habe, war sie ein „gebranntes Kind" – sie glaubte keinem Mann mehr, was er über sich erzählte!

Ich musste nicht besonders in die Tiefe gehen, um ihr klar zu machen, dass es nicht die Männer waren, denen sie nicht traute, sondern sich selbst. Sie ist eine kluge Frau. Nie zuvor war sie über den Tisch gezogen worden, aber jetzt hatte sie es gleich doppelt schlimm erwischt. Es war, als hätte ihr jemand den Boden unter ihrem perfekten Bilderbuch-Leben weggezogen.

Solange sie dachte, es wären die Männer, denen sie nicht trauen könnte, hatte sie große Angst, nur in die Nähe eines dieser Exemplare zu kommen. Erst als sie bereit war, sich selbst zu verzeihen, konnte sie einen neuen Mann in ihr Herz und ihr Leben einlassen. Sie musste einsehen, dass alles nur ein Fehler gewesen war. Sie waren beide zwanzig, als sie sich kennen lernten. Wer hätte da seine Handlungen vorhersehen können? Mit 45 hatte sie viel mehr Selbstverständnis für sich entwickelt und war einem Unbekannten gegenüber nicht mehr annähernd so verwundbar wie damals.

Der Punkt ist, dass du Vertrauen zu dir selbst haben musst – Vertrauen, erkennen zu können, wer dieser andere Mensch ist, zu wissen, ob er dich liebt oder nicht und zu dir halten wird. Als Mensch bist du nicht unfehlbar. Du kannst getäuscht werden. Du kannst Fehler machen. Das alles sind schon Gründe genug, keine vorschnellen Entscheidungen zu treffen. Lass deshalb eine Beziehung sich natürlich entwickeln, ohne den Druck, dass sie etwas Bestimmtes sein oder werden müsse; nimm sie so an, wie sie eben ist.

Bleib bei dir

Manche von uns haben Angst davor, in einer Beziehung ihre Identität zu verlieren. Genau das passierte, als wir jünger waren. Viele Frauen verließen ihr Elternhaus, vollkommen durch die Beziehung zu Mutter und Vater geprägt, um dann eben das zu tun, was man von ihnen erwartete oder dagegen zu rebellieren und sich zu verweigern. So oder so war ihre Identität und die Art, eine Ehe zu leben, von ihrem Umfeld geprägt – und sie wussten es nicht besser, als diese Verantwortung auf ihre Männer und die Institution Ehe zu übertragen.

Das ist die Ursache für das Phänomen der gegenseitigen Abhängigkeit in Beziehungen. Wir haben gelernt zu sein, indem wir mit einem anderen zusammen sind. Dies führt bei vielen Frauen zu einer Art von Bedürftigkeit und Verzweiflung, vor der wir uns alle zutiefst fürchten. Diese Verzweiflung ist äußerst irrational, denn sie hat nichts zu tun mit Unabhängigkeit, finanzieller Sicherheit oder mit der Sorge um unsere physischen Bedürfnisse. Es ist eine ganz irrationale, tiefe Bedürftigkeit und Abhängigkeit – wir haben einfach Angst davor, alleine zu sein.

Ich finde, es gibt nichts Wichtigeres für eine gute Beziehung, als mit dieser Art von Bedürftigkeit gut umgehen zu können. Und der beste Weg, damit umgehen zu lernen, ist, eine Zeit lang alleine zu sein. Das heißt nicht nur, allein zu leben, sondern auch ohne Partner, ohne Beziehung zu leben.

Bei mir dauerte diese Zeitspanne fünf Jahre, doch hatte das nichts mit zu viel Selbstdisziplin und Enthaltsamkeit zu tun. Es ergab sich einfach, weil mich niemand zum Ausgehen einlud. Im Nachhinein stellte sich das als Segen heraus, weil ich in dieser Zeit lernte, dass ich ohne Beziehung überleben konnte. Wenn ich wieder eine Beziehung haben würde, dann nur, weil ich es wollte. Noch wichtiger aber war: Sobald ich sah, dass es ganz in Ordnung ist, allein zu sein – und mir das wirklich bewusst wurde – erkannte ich, dass ich an meinen Maßstäben bei der Partnerwahl festhalten und sie auch in der Beziehung beibehalten wollte. Mein Motto war: „Wenn eine Beziehung nicht deutlich besser ist, als allein zu leben, vergiss es."

Jetzt, da ich verheiratet bin, finde ich mich immer noch nicht mit bestimmten Verhaltensweisen oder Mustern ab, in die wir immer wieder zurückfallen; ich habe keine Angst, meine Meinung zu sagen oder Tonys Verärgerung zu riskieren. Ich weiß, ich werde überleben, selbst wenn die Ehe auseinanderbrechen sollte.

Ich kenne viele Frauen, die diese Unabhängigkeit erfahren haben, einige Zeit allein lebten und dann feststellten, dass es gar nicht so schlimm ist. Und sie haben nicht nur überlebt, sondern führten ein erfülltes Leben. Sie haben Angst vor etwas ganz anderem: all das in einer Beziehung zu verlieren, was sie sich mühsam erkämpft haben.

Von dieser Erfahrung erzählte mir Cheryl. Sie lebte 10 Jahre zufrieden alleine. Cheryl ist schön, hat ein helles Köpfchen und tolle Freunde, hat die ganze Welt bereist und besitzt ein gemütliches Heim. Seit kurzem ist sie mit einem Mann zusammen und hat furchtbar Angst davor, ihre Identität zu verlieren.

Sie möchte nicht, dass er Geld für sie ausgibt, weil sie sich nicht verpflichtet oder „ausgehalten" fühlen möchte. Sie fürchtet, ihre „Stimme" in der Beziehung aufgeben zu müssen und nicht ebenso viel Mitspracherecht in ihrem Leben zu haben. Sie hat Angst, mit ihm zusammenzuziehen, sich selbst zu verlieren, nur noch ein Teil von ihm zu werden und nicht mehr die intelligente, selbstbewusste Person zu sein, die sie ist. Und sie fürchtet sich tatsächlich davor, in der Beziehung langweilig zu werden. All diese Ängste kommen aus ihrem Inneren; er stellt keine solchen Ansprüche an sie.

Nachdem ich mir das angehört hatte, sagte ich ihr, sie sei verrückt! Sie hätte genauso viele Chancen, ohne Identität und in Langeweile zu enden, wie eine Mars-Bewohnerin zu werden. Ich verglich die Beschreibung ihrer Ängste mit einem, der sich fürchtet, von Außerirdischen entführt zu werden.

Selbst wenn wir *wollten*, dass uns jemand unsere Identität abnimmt, an diesem Punkt unseres Lebens wird es nicht passieren. Du weißt, wie sehr du versucht hast, die Männer in deinem Leben zu ändern und wie sehr du darüber klagtest, dass sie für eine Veränderung zu viel Gepäck mit sich herumschleppten. Genau dasselbe trifft auf dich zu!

Ich weiß, die Furcht ist echt, aber sie ist völlig unbegründet. Sie stammt aus der Vergangenheit und kann dir bei der Suche nach einer Partnerschaft wirklich im Wege stehen. Wie bei vielen anderen Ängsten kannst du dich vielleicht nie völlig von ihr befreien. Ich empfehle: Erkenne sie als das, was sie ist; begreife, warum sie wichtig für dich war (vielleicht, weil du dich früher vor etwas gefürchtet hast). Dann geh einfach darüber hinweg und lebe dein Leben.

Alte Einstellungen aufdecken

Viele deiner Meinungen über Beziehungen leiten sich von dem ab, was du bei den Eltern beobachtet hast. Selbst wenn deine Eltern eine wunderbare, inspirierende Partnerschaft führten, muss sie nicht unbedingt ein Vorbild für eine heutige Ehe sein. Gestern war gestern, heute ist heute. Aber du hast das alles in dich aufgesogen. Nicht nur ihr Verhalten in der Ehe, auch jede kulturelle, generationsabhängige, persönliche Sichtweise, die sie in Bezug auf Männer und Frauen vertraten. Als du beim Erwachsenwerden feststelltest, dass die Welt sich verändert hatte, hast du da diese Ansichten revidiert? Nein, du hast nicht einmal hinterfragt, ob sie noch zutreffen. Du hast sie einfach in deine Beziehung hineingenommen und dich gewundert, warum sie so ist, wie sie ist.

Später wurden die eigenen Beziehungen zur Quelle negativer Einstellungen. Jedes Mal, wenn du Frustration, Ärger, Eifersucht oder Verlust erfuhrst, fügtest du Dutzende neuer negativer Schlussfolgerungen hinzu. Wenn du eine Scheidung hinter dir hast, dürftest du noch mehr pessimistische Überzeugungen in deine ansehnliche Sammlung aufgenommen haben. Und mit dem schleichenden Gefühl von Ernüchterung und Verlust kamen Entschlüsse wie „Ich muss mich erstmal um mich selbst kümmern" oder „Ich werde mich nie wieder ausnutzen lassen".

Du lebst aber nicht mehr in der kleinen Welt deiner Eltern und Großeltern. Du lebst nicht einmal in der Welt deiner letzten Beziehung oder Ehe. Du hast Wege und Möglichkeiten zur Wahl. Doch in dem Ausmaß, wie deine versteckten, unhinterfragten Einstellungen dir dein Verhalten diktieren, begrenzen sie die Möglichkeiten, die dir zur Verfügung stehen. Wird dein Verhalten von negativen Sichtweisen und Entscheidungen aus deiner Vergangenheit kontrolliert, reagierst du nur, statt deine eigene Wahl zu treffen. Um eine Wahl treffen zu können, musst du aber den Einfluss, den diese Sichtweisen auf dich gehabt haben, auflösen.

Der erste Schritt in Richtung einer Partnerschaft, wie du sie dir wirklich wünschst, ist, deine negativen Einstellungen aufzudecken. Der nächste Schritt ist, dir bewusst zu werden, wie dich diese Einstellungen in deinen Beziehungen behindert haben. Der dritte Schritt ist, deine eigenen Regeln, Überzeugungen und Einstellungen zu schaffen.

Die Art, wie sich deine Beziehungen entwickelt haben, war deine Entscheidung, auch wenn diese Entscheidungen größtenteils unbewusst getroffen wurden. Da du die Verantwortliche bist, warum lässt du dann deine Beziehungen nicht großartig, kraftvoll und erfüllend werden? Um das zu ergründen, musst du die alten Einstellungen und Überzeugungen, die derzeit noch das Spiel bestimmen, an die Oberfläche holen; dann kannst du sie sortieren in die, die du behalten und die, die du ablegen möchtest.

Mit Scheidung umgehen

Geschiedene müssen mit dem, was während der Scheidung geschah, so umgehen können, dass es nicht jede Chance auf eine neue Beziehung überschattet. Viele Frauen laufen mit ihren Verletzungen herum und vermuten bei jedem Mann, dem sie begegnen, eine Handgranate in der Jackentasche.

Frage ich diese Frauen, wonach sie in einer Partnerschaft suchen, haben sie klare Vorstellungen: Jemanden, der *nicht* wie mein Ex ist. Jemand, der *nicht* wie meine letzte Beziehung ist. Ihre Antworten zeigen, dass sie sich immer noch in einem sehr tiefen Loch befinden.

Die meisten Leute, die mit irgendetwas Erfolg im Leben haben wollen, suchen sich Führung, Information oder Unterstützung bei jemandem, der hier schon etwas erreicht hat. Willst du reich werden, interessieren dich die Geheimnisse von Bill Gates und nicht die eines begnadeten Bankrotteurs. Junge Schwimmer würden viel

Geld zahlen, um an einem Workshop mit Franziska von Almsick teilnehmen zu dürfen.

Aber ich stelle fest, dass Frauen vor allem in ihrem Misserfolg und dem ihrer Freundinnen nach Antworten dafür suchen, wie sie in künftigen Beziehungen Erfolg haben könnten. Die einen können sich nicht daran erinnern, jemals geliebt worden zu sein oder etwas Gutes aus einer Ehe gezogen zu haben. Die anderen haben furchtbare Scheidungen hinter sich.

Anstatt nur aus deinen Fehlern zu lernen, schlage ich vor, dir anzuschauen, was in deinen letzten Beziehungen gut gelaufen ist – besonders das, was in manchen Situationen toll an dir war – und was eine Grundlage für zukünftige Beziehungen sein könnte.

Meine Freundin Laurie und ihr Mann wurden nach zwanzig Jahren Ehe geschieden. Sie haben drei Kinder und hatten sich einmal sehr geliebt. Zu viel Alkohol auf seiner und Untreue auf ihrer Seite hatten von Grund auf alles zerstört, was einmal zwischen ihnen war. Die Scheidung war ein Horror! Seine Eltern hatten vor vielen Jahren in ihr Geschäft investiert und nun, nach mehr als 20 Jahren enger Familienbande und gemeinsam verbrachten Festtagen und Urlauben, verbündeten sich die Eltern mit ihrem Sohn und verklagten sie. Sie verklagten sie nicht nur – sie versuchten ganz ernsthaft, ihr Geschäft und ihre Existenzgrundlage zu zerstören. Sie fühlte sich betrogen und war am Boden zerstört, dass er wie auch die Schwiegereltern sich mehr darum sorgten, ihr Schaden zuzufügen, als sich um die finanzielle Absicherung ihrer Kinder zu kümmern.

Nach zwei albtraumähnlichen Jahren, die Laurie im Verlauf dieser Scheidung durchlebte, war die äußerst attraktive, dynamische Frau zwar noch an Verabredungen interessiert, doch heiraten wollte sie auf keinen Fall mehr. Diese Einstellung hat sich inzwischen ein wenig gelockert, aber sie sagt immer noch, sie wüsste nicht, wie sie sich jemals wieder völlig öffnen könnte.

Frauen wie Laurie müssen gegen die Abwehrhaltung kämpfen, die sie zu ihrem Schutz geschaffen haben: „Ich werde nie wieder zulassen, dass mir so etwas passiert. Nie wieder werde ich so viel geben." Das moderne Wort dafür heißt „Abgrenzung", und das hat etwas mit Finanzen zu tun, aber noch viel mehr damit, anderen Menschen gegenüber offen und zugänglich zu sein.

Wenn du anfängst, dir selbst Grenzen zu setzen und Mauern zwischen dir und einer anderen Person zu bauen, bist du für keine Beziehung bereit – ganz sicher aber nicht für eine, die lebendiger, reifer und besser ist als jede Beziehung, die du bisher hattest.

Schädliche Verhaltensmuster erkennen

Nicht alles, was du aus deiner Vergangenheit lernen kannst, ist schlecht. Zum Beispiel magst du in dir die Einstellung entdecken, dass Aufrichtigkeit und Ehrlichkeit für eine gute Beziehung ganz wesentlich sind. Machst du dir diese Einstellung bewusst, wirst du bemerken, dass du sie auch in einer neuen Beziehung beibehalten willst, also hältst du daran fest.

Ob es dir gefällt oder nicht, der entscheidende Punkt ist: Immer bist *du* es, die deine Beziehungen gestaltet. Entweder lässt du dich von deinen unbewussten Verhaltensweisen und Überzeugungen leiten, oder du triffst selbst die Entscheidungen. Sobald du das erkennst, ist die Entscheidung klar. Hör auf, darüber zu klagen, dass „Beziehungen eben so sind". Übernimm Verantwortung für die Gestaltung deiner Beziehungen. Das ist alles, was du tun musst.

Manchmal treten unsere unbewussten Einstellungen und Ängste in Form von „Sabotagemustern" zu Tage, speziellen Mustern und Tendenzen, die Beziehungen schädigen. Ich war regelrecht schockiert, als ich eines meiner Muster entdeckte – es war ein paar Monate, nachdem ich Tony kennen gelernt hatte und wir mit meiner Freundin Leslie beim Abendessen zusammen saßen.

Ich war stolz auf meinen neuen Freund und wollte ihn entsprechend präsentieren. „Tony", sagte ich „erzähl Leslie doch mal, wie du deinen Job bei den Sonics bekommen hast." Tony erzählte, und als er damit fertig war, füllte ich die Lücken, die er ausgelassen hatte.

Ein paar Minuten später sagte ich: „Tony, erzähl Leslie diese lustige Geschichte, die du mir letzte Nacht erzählt hast." Wieder erzählte er, und wieder schmückte ich seine Geschichte mit Details aus, die sie meiner Meinung nach amüsanter machten und besser auf den Punkt brachten. Leslie und ich hatten bald die ganze Unterhaltung an uns gerissen. Tony beschränkte sich darauf, mit Dingen auf dem Tisch zu spielen, mit seinem Löffel, dem Wasserglas, der Serviette, mit meinen Fingern. Nach dem Abendessen war ich verwirrt, verärgert und fassungslos. Ich fand, Tony habe sich wie ein Idiot verhalten und beschloss auf der Stelle, ihn nie mehr wieder zu sehen. Ich hatte keine Lust auf eine Beziehung mit einem Mann, der sich wie ein Kind aufführte.

Als wir über den Parkplatz zum Auto gingen, traf es mich wie ein Blitz. Die Erkenntnis war so überwältigend, dass ich sie nie vergesse. Tony hatte, je später der Abend wurde, das Interesse an der Unterhaltung mehr und mehr verloren. Was ich als kindisches Benehmen angesehen hatte, war seine Art, auf meine ständigen Unterbrechungen und Korrekturen zu reagieren. Ich vermute, er hielt es einfach für unnütz, wenn wir erklären müssten, was er eigentlich sagen wollte.

Wer also hatte sich wie ein Idiot verhalten? Ich fand es unfassbar, wie ich ihn derart untergebuttert hatte. Doch das war längst nicht alles. Blitzartig sah ich, dass ich jeden Mann, mit dem ich je zusammen war, auf genau diese Art unterdrückt hatte. Nicht absichtlich oder gar bewusst, sondern auf solch subtile Weise, dass es nicht nur mir nicht auffiel, sondern auch keinem anderen. Jetzt aber sah ich es, und ich konnte der Wahrheit nicht entrinnen: Systematisch hatte ich jede meiner Beziehungen sabotiert und zerstört, indem ich die Männer gängelte und dominierte.

Dabei hatte ich das nicht als Unterdrückung empfunden. Ich dachte, ich würde ihnen helfen, sich „zu verbessern" oder ihnen „einen guten Rat geben". Tatsächlich sagten mir die meisten Männer, mit denen ich mich verabredete, ich sei die scharfsinnigste Frau, die sie jemals getroffen hätten. Doch meine Art der Wahrnehmung zeigte immer auf ihre „Fehler" und Unzulänglichkeiten. Nach dieser

Zwangsdiät durch meine „Einsichten" verloren sie zwangsläufig ihr Selbstvertrauen.

Bei meinen Erklärungsversuchen für dieses Phänomen suchte ich immer die Schuld bei den Männern: „Er kann mit einer Powerfrau nicht umgehen" oder „Er konnte nicht mithalten mit mir, ich bin einfach zu intelligent für ihn." In diesem einzigen Augenblick auf dem Parkplatz aber erkannte ich, dass ich mein Leben lang nach einem Mann gesucht hatte, der nicht von mir abhängig war. Trotzdem hatte ich immer Wege gefunden, die Schwächen der Männer in den Vordergrund zu stellen.

Einen Moment lang hasste ich mich dafür, dann aber schlug der dritte Teil der Erkenntnis zu. Ich erkannte, dass meine Fähigkeit, Männer in Schwächlinge zu verwandeln und ihre Schwächen zu betonen auch in eine andere Richtung gelenkt werden könnte. Ich könnte dieselbe Kraft und Wahrnehmungsgabe dazu nutzen, das Beste in ihnen zum Leuchten zu bringen. Und ich wusste, dass ich nun in der Lage war, eine erfolgreiche Beziehung zu führen.

Diese Erkenntnis war ein Wendepunkt in meinem Leben. Sobald ich einmal erkannt hatte, wie ich meine Beziehungen sabotierte, wusste ich auch, wie ich es lassen konnte.

Durchweg alle Frauen, mit denen ich bisher gearbeitet habe, sabotierten ihre Beziehungen mehr oder weniger, jede auf ihre Art. Oft bemerkten es die Frauen gar nicht selbst, solange sie nicht danach suchten. In jedem einzelnen Fall aber war die Entdeckung ihres Musters der erste Schritt, es von Grund auf zu ändern. Und indem sie das taten, entdeckten sie, dass sie selbst – nicht der Partner, nicht die Umstände oder das Glück – dafür verantwortlich waren, wie sich ihre Beziehungen entwickelten.

Als Erstes musst du wissen, dass deine unheilsamen Einstellungen und Muster nicht auf den ersten Blick zu erkennen sind. Das sollte eigentlich klar sein. Denn wüsstest du, wie du deine Beziehungen kaputt machst, würdest du damit aufhören. Diese Muster sind nicht nur verborgen, sie tarnen sich auch geschickt als „Männer sind immer so" oder „Es ist mal wieder schiefgelaufen" oder „Das passiert in Beziehungen ständig". Anders gesagt, es ist nicht deine Schuld.

Vier Fragen, um dich zu entdecken

Frage 1: Sabotiere ich meine Beziehungen?

Hast du irgendein (großes oder kleines) wiederkehrendes Problem, das in deinen Beziehungen immer wieder auftaucht? Ist das so (und ich kenne niemanden, auf den das nicht zutrifft), solltest du davon ausgehen, dass du es bist, die die Verantwortung dafür trägt.

Es geht dabei nicht darum, dich schlecht und schuldig zu fühlen. Es geht einfach darum, dass du, indem *du* Verantwortung übernimmst, den Schaden verhindern kannst, den dieses wiederkehrende Problem anrichtet. Vielleicht wird sich diese Einstellung oder dieses Muster nie völlig auflösen. Du musst es nur suchen. Dann kannst du es stoppen, bevor ein Problem daraus wird, oder du kannst es sofort korrigieren, wenn du ein Problem verursacht hast.

Dich in der Rolle des unschuldigen Opfers zu sehen, ist viel leichter, als dich als diejenige zu sehen, die die Fäden zieht. Sich als Opfer zu fühlen, löst aber nie das Problem. Es hört sich vielleicht schlimm an, dass *du* die Ursache für Streit bist oder *du* die Beziehung sabotierst, doch tatsächlich ist das eine gute Nachricht. Denn wenn du ein Problem verursachst, kannst du es auch aus der Welt schaffen.

Der schwierigste Aspekt dieses Prozesses ist, zu akzeptieren, dass du für die in deinen Beziehungen auftauchenden Probleme selbst verantwortlich bist. Du wirst dich nämlich wie ein Idiot fühlen, wenn du erst einmal erkennst, was du getan hast. Es ist nur dein natürlicher Instinkt, um keinen Preis im Unrecht sein zu wollen. Und wahrscheinlich wird erst einiger Widerstand in dir hochkommen, wenn du mit dem Finger auf dich zeigst.

Dieser Moment der Wahrheit, in dem ich erkannte, wie ich meine Beziehungen zu Männern zerstört hatte, war furchtbar. Zu erkennen, dass ich die Männer unterdrückt hatte, machte mich nicht gerade stolz. Doch war es der Schlüssel, mich in Zukunft in Beziehungen anders zu verhalten.

Du hast zwei Möglichkeiten. Du kannst dich als Opfer deiner Beziehungen sehen und weiter mit denselben Problemen kämpfen. Oder du kannst dein Muster als innere Aufgabe erkennen und lernen, es nicht ständig zu wiederholen.

Frage 2: Warum sabotiere ich Beziehungen?

Eine Ursache deiner Beziehungsprobleme ist, wie wir gesehen haben, in den negativen Einstellungen und Ängsten deiner Vergangenheit zu suchen. Zweifellos gibt es noch weitere tief verwurzelte Gründe, warum Menschen ihre Beziehungen untergraben. Zum Glück ist es aber nicht nötig, sie alle zu analysieren, damit sie dein Verhalten nicht mehr bestimmen können.

In den meisten Fällen ist die Suche nach dem „Warum" nur ein Weg, um die Veränderung deines Musters zu vermeiden – ein Weg, der nur zu einer Art „Analyse-Paralyse" führt. Für mich war es nicht nötig, all die tiefen psychologischen Ursachen meines Musters zu verstehen oder ganz und gar zu begreifen, warum ich Männer unterdrückte. Auch bei den Paaren, mit denen ich gearbeitet habe, war es nicht nötig, die Ursachen ihrer Muster zu untersuchen.

Die Wahrheit macht dich frei. Wen interessiert es, warum du etwas vermasselt hast, sobald du einfach damit aufhörst?

Frage 3: Wie sabotiere ich meine Beziehungen?

Die Art, wie du vorgehst, ist eine Schlüsselfrage. Wenn du herausfindest, wie du Probleme schaffst, ist es auch möglich, sie zu beenden. Ich beschreibe im nächsten Abschnitt einige der häufigsten Sabotage-Methoden, und vielleicht erkennst du dich in einigen wieder.

Wenn du unter diesen wenigen Beispielen dein Muster nicht findest, dann nutze sie als Werkzeug, um deines zu entdecken. Schau dir dabei nicht nur deine gegenwärtige Beziehung an, sondern auch deine letzten. (Unsere Muster haben die Gewohnheit, uns zu folgen, wohin wir auch gehen.)

Frage 4: Wie kann ich aufhören, Beziehungen zu sabotieren?

Gestehst du dir erst einmal ein, dass du deine Beziehungen sabotierst, und entdeckst du, wie du das machst, bist du auch für Veränderung bereit. Dieser Weg zur Heilung wird ebenfalls im nächsten Abschnitt beschrieben.

Die häufigsten Sabotage-Muster

Ich habe fünf sehr verbreitete Haltungen oder Muster festgestellt. Eine oder mehrere könnten zu deiner Situation passen. Jedes Muster ist in drei Punkte unterteilt: „Wie du es siehst", „Was wirklich vor sich geht" und „Was zu tun ist". Kannst du dich in einigen wiedererkennen?

Haltung/Muster 1

- *Wie du es siehst:* Ich fühle mich erdrückt.

Fühlst du dich am meisten von einem Mann angezogen, wenn er unnahbar oder distanziert wirkt? Verlierst du das Interesse, sobald er liebevoll ist oder dich verehrt? Bist du schnell gelangweilt? Schaltest du ab, wenn er kuschelig wird? Frauen mit diesem Verhaltensmuster fühlen sich von offenen Gesten der Liebe und Zuneigung oft unangenehm berührt. Sie bevorzugen die Art von Aufmerksamkeit und Zuneigung, die „schwer zu bekommen" ist.

- *Was wirklich vor sich geht*

Im Gegensatz zu dem, was die meisten Menschen mit diesem Verhaltensmuster denken, hat es nichts mit einer Vorliebe für Herausforderungen zu tun. Vielmehr ist es ein Zeichen für geringes Selbstwertgefühl – nämlich deines. Wie Groucho Marx einmal sagte: „Ich würde keinem Verein angehören wollen, der mich als Mitglied akzeptiert." Praktizierst du dieses Muster, möchtest du keine Beziehung mit jemandem haben, der so wenig Geschmack besitzt, um sich in jemanden wie dich zu verlieben. Doch wenn du niemanden lieben kannst, der dich liebt, wirst du nicht viel von einer Beziehung haben.

- *Was zu tun ist*

Das nächste Mal, wenn ein Mann wieder anfängt, verständnisvoll und aufmerksam zu sein, ergreif nicht gleich schreiend die Flucht und erkläre ihn zu einem Langweiler. Sieh stattdessen, ob du dich dazu bringen kannst, diese Erfahrung zuzulassen und zu tolerieren. Gib dir die Chance, einmal zu erleben, wie es sich anfühlt, gemocht zu werden. Achte auf das Gefühl, wie gern du weglaufen möchtest, aber statt ihm nachzugeben, erinnere dich daran, dass es ein Zeichen sehr guten Geschmacks ist, wenn dich jemand mag!

Haltung/Muster 2

- *Wie du es siehst:* Ich gebe mehr als ich bekomme.

Bist du immer die, die in deinen Beziehungen „gibt"? Hast du das Gefühl, dass du immer, wenn nötig, mit Geduld, Verständnis und Freundlichkeit zur Stelle bist, dir diese Behandlung aber niemals zuteil wird?

- *Was wirklich vor sich geht*

Auf Fußabtretern steht „Willkommen", und jeder Märtyrer braucht einen Verfolger. Wenn dies dein Muster ist, bist du erst glücklich, wenn du schlechter behandelt wirst als die, die du behandelst. Daher manipulierst du andere, genau das zu tun.

Um deinen Partner daran zu hindern, so gut zu sein wie du, bittest du ihn, Dinge für dich zu tun, wenn du weißt, dass er keine Zeit hat. Oder du bittest auf derart anklagende Art, dass er nein sagen muss. Versucht er aber, etwas für dich zu tun, reagierst du undankbar; du beklagst dich darüber, dass alles, was er getan hat, nicht gut genug war.

Wahres Geben erwartet keine Gegenleistung – es dient allein der Freude des Gebers. Wenn du Bonuspunkte sammeln möchtest, gibst du nicht wirklich.

- *Was zu tun ist*

Es ist wichtig, deine Handlungen sehr genau zu beobachten, um deiner Tendenz zu widerstehen, „Geben" als ein Mittel zur Manipulation zu benutzen. Wenn du gibst, erwarte dafür keine Gegenleistung. Hör auf, darauf zu achten, was er oder sie für dich tut oder nicht tut. Wenn jemand *tatsächlich* etwas Nettes tut, und sei es nur eine Kleinigkeit, dann sei dankbar.

Haltung/Muster 3

- *Wie du es siehst*: Mein Partner meint, wir hätten ein Problem, aber ich sehe keines.

Bist du ständig überrascht, wenn dein Partner unglücklich ist? Wenn ein Problem zur Sprache kommt, antwortest du dann so etwas wie: „Ach Schatz, da ist doch nichts. Das löst sich bestimmt alles von selbst. Mach dir mal keine Sorgen." *Du* würdest schließlich nie etwas tun, um jemanden zu verärgern; *du* würdest nie herumnörgeln oder zuviel erwarten. Denn du bist ja immer darauf bedacht, Konflikte zu vermeiden.

- *Was wirklich vor sich geht*

Leute mit diesem Verhaltensmuster stecken ihren Kopf gern in den Sand. Wenn du Konflikten aus dem Weg gehst, musst du dich nicht mit irgendwelchen Problemen in der Partnerschaft auseinandersetzen. Du glaubst, wenn du sie ignorierst, werden sie einfach verschwinden – was natürlich nicht der Fall ist.

Wenn du keine Lust hast, über etwas Unangenehmes zu reden, wird nicht mehr viel zum Reden übrig bleiben. Wo viel verdrängt und vermieden wird, bleibt nichts übrig, das man miteinander teilen könnte. Diese „Bloß-keinen-Ärger-Einstellung" macht Beziehungen langweilig und banal.

- *Was zu tun ist*

Achte darauf, wenn du Themen ignorieren willst, die in deiner Beziehung auftauchen. Hör auf damit, sie links liegen zu lassen. Wenn dich dein Unbehagen davon abhalten will zu kommunizieren, frage dich: Was ist der Preis dafür, wenn du dich weigerst, dich mit diesen Dingen auseinander zu setzen? Wenn dein Partner sagt, es gäbe ein Problem, nimm es ernst. Was immer du gerade tust – hör auf damit und schenke der Angelegenheit sofort deine ganze Aufmerksamkeit. Deine Versuche, die Dinge herunterzuspielen, machen sie nur schlimmer.

Haltung/Muster 4

- *Wie du es siehst*: Dein Partner fühlt sich durch deine Power bedroht.

Meint dein Partner, deine Meinung sei wichtiger als seine eigene? Glaubst du, dass deine Stärke überwältigend ist? Bist du ein Helfertyp? Hast du immer einen guten Rat parat? Neigst du dazu, ein „Berater" der Art zu sein, dass dein Gegenüber ohne deine Hilfe nichts mehr auf die Reihe kriegt?

- *Was wirklich vor sich geht*

Das war mein Muster. Ich versuchte, Männern zu „helfen", indem ich darauf hinwies, wie sie sich verbessern könnten, indem ich sie ständig korrigierte. Praktizierst du dieses Muster, denkst du wahrscheinlich, du wärst besonders scharfsinnig. Du glaubst, deine Scharfsinnigkeit sei eine Hilfe, in Wirklichkeit suchst du ständig nach den Fehlern deines Partners und zeigst mit dem Finger darauf. Die Botschaft, die du ihm, wie subtil auch immer, vermittelst, ist: Mit dir stimmt etwas nicht.

Dein Partner kam vermutlich auch ohne dich gut zurecht. Irgendwann wurdet ihr ein Liebespaar, und er wurde abhängig. Er hörte auf, Entscheidungen zu fällen, weil er weiß, dass du sie ohnehin rückgängig machst. Vielleicht wurde er süchtig nach deinem Rat. Und so, wie er sein Selbstvertrauen verlor, verlor er für dich immer mehr an Anziehung.

- *Was zu tun ist*

Benutze deinen Intellekt und deinen Klarblick, um deinen Partner aufzubauen, statt ihn herunterzumachen. Fragt er dich zum Beispiel: „Was denkst du?", frage ihn, statt wie gewohnt eine deiner brillanten Antworten zu geben, was *er* denkt. Und wenn er es sagt, halte den Mund und höre zu. Anfangs könnte es dir schwer fallen, Vertrauen in seine Ideen und Antworten zu gewinnen, weil du so daran gewöhnt bist, dass dein Weg der beste ist. Sei trotzdem nicht überrascht, wenn die Lösungen, die er findet, besser sind als deine. Lerne, seinen Entscheidungen zu trauen. Schließlich waren es seine Kompetenz und Selbstsicherheit, die dich damals zu ihm hingezogen haben.

Haltung/Muster 5

- *Wie du es siehst*: Du wirst in der Beziehung zum Schwächling

Löst sich alle Leichtigkeit und Zuversicht, die dich in beruflichen Dingen begleitet, in Luft auf, sobald du in einer Beziehung lebst? Vermeidest du es, deine Gedanken zu äußern, weil es aufdringlich wirken könnte? Fühlst du dich bedürftig und klammerst du? Konzentrierst du dich intensiv auf die Beziehung? Fühlst du dich unsicher, sobald ihr nicht zusammen seid?

- *Was wirklich vor sich geht*

Deine Identität ist abhängig von deinem Partner. Du bist „niemand", bis jemand dich liebt. Als Beweis deiner Unabhängigkeit könntest du vermutlich eine lange Liste von Leistungen und beruflichen Erfolgen vorweisen, aber tief drinnen brauchst du den Beifall deines Partners, um dich wohl zu fühlen.

Wenn du so ähnlich bist wie die meisten Menschen mit diesem Verhaltensmuster, scheinst du alles andere als abhängig zu sein. Und tatsächlich motiviert dich deine Furcht vor Abhängigkeit dazu, so viel Energie in deinen Beruf zu stecken. Deine Erfolge sind eine Art Kompensation für die Verzweiflung, die du in deiner Beziehung empfindest.

- *Was zu tun ist*

Du hast dich so daran gewöhnt, die Gefühle der Verzweiflung, jemanden zu brauchen, zu vertuschen, dass schon das Eingeständnis, so zu sein, ein großer Schritt vorwärts ist. Versuche das nächste Mal, wenn dich Gefühle der Verzweiflung und des „Klammerns" überkommen, sie einfach zu beobachten, statt sie zu verbergen.

Höre nicht auf, deine Ziele zu verfolgen, aber hör auf damit, auf deine Leistungen zurückzublicken, damit sie dir Identität und Selbstwert geben. Dein Partner liebt dich für das, was du bist, nicht für das, was du getan hast.

Und jetzt?

Vielleicht konntest du deine Haltung oder dein Muster unter den beschriebenen eindeutig finden. Vielleicht hast du dich sogar in mehreren wiedererkannt. Du kannst einige, aber nicht alle Symptome eines speziellen Musters haben. Vielleicht hast du ein Muster gefunden, das in manchen, aber nicht in all deinen früheren Beziehungen am Werk war. Oder vielleicht hast du dein spezielles Muster nicht gefunden.

Denk daran, es geht hier um allgemeine Muster, und allgemeine Muster sind nie so wie im wirklichen Leben. Wenn die Beschreibung eines Musters dir nicht wie ein Handschuh passt, sei nicht pingelig. Enthält es Elemente, die auf deine Situation zutreffen, wirst du davon profitieren, wenn du es als eine Form der Beziehungssabotage siehst, die du auch praktizierst. Falls du dein Muster nicht finden kannst, nutze die Beispiele als Modelle, um dein eigenes Muster zu finden. Glaub mir, es gibt eine unbegrenzte Anzahl von Mustern, und manche davon sind deine.

Vielleicht kannst du dein Muster nicht klar erkennen oder hast nicht ganz verstanden, in welchem Ausmaß du deine Beziehungen sabotierst. In diesem Fall braucht es einen Vertrauensvorschuss, um Verantwortung zu übernehmen. Aber sobald du bereit bist, dich als verantwortlich zu sehen, wird es dir schnell dämmern. Denn es gibt da etwas, was du nicht übersehen kannst: das gemeinsame Bindeglied in jedem Muster bist du.

Was aber, wenn du denkst, du hättest kein Muster? Was, wenn du sicher bist, dass die Männer in deinen Beziehungen das Problem gewesen sind, aber bestimmt nicht du? Das mag löblich sein, ist es aber nicht. Solange du nicht entdeckst, auf welche Weise du Beziehungen untergräbst, wirst du so weitermachen. Wenn die Probleme in deinen Beziehungen nicht von dir verursacht werden, kannst du sie nicht ändern.

Was, wenn du dich in jedem Muster wiedererkennst? Dann werde nicht nervös. Du bist kein hoffnungsloser Fall, nur ein bisschen überanalytisch. Konzentriere dich darauf, das Muster zu ändern, das dir am meisten Ärger macht.

Sobald du dein Muster erkannt hast, kannst du anfangen, es zu ändern. Aber erwarte nicht, dass es sich über Nacht auflöst. Dieses Verhalten ist zur Gewohnheit geworden, und du brauchst Disziplin, um zu verhindern, dass es sich wiederholt.

Bevor ich mein Muster aufdeckte, war ich mir meines unterdrückenden Verhaltens Männern gegenüber nicht bewusst. Sobald ich aber wusste, wonach ich zu suchen hatte, begann ich mich zu beobachten. Wie damals auf dem Parkplatz fiel mir mein Benehmen erst *danach* auf. Mit etwas mehr Übung gelang es mir, mein Verhalten schon *in Aktion* zu erkennen. Und mit der Zeit schaffte ich es, mich zu bremsen, noch *bevor* ich anfing, mich derart zu benehmen. Anfangs brauchte es viel Disziplin, am Ball zu bleiben, aber bald verwandelte sich die alte Gewohnheit in Stärke.

Denk daran: Wenn etwas in deiner Beziehung schief läuft, musst du nach *deinem* Muster suchen. Das ist der ganze Trick. Dies widerspricht unserer natürlichen Tendenz, davon auszugehen, dass es immer *die anderen* sind, die Mist machen. Aber wenn du wirklich willens bist, darüber nachzudenken, ob du für Schwierigkeiten oder Meinungsverschiedenheiten Verantwortung trägst, wird dir das Kraft geben – die Kraft, etwas dagegen zu tun. In der Hitze des Gefechts mag es schwierig sein, einen Schritt zurück zu machen und Verantwortung zu übernehmen. Aber glaube mir, es ist leichter als der Versuch, deinen Partner ändern zu wollen.

Ein weiterer Vorteil: Bist du erst einmal bereit, Verantwortung zu übernehmen, wird es für deinen Partner leichter, dasselbe zu tun – und deshalb wird er es wahrscheinlich auch tun. Wenn jemand nicht angegriffen wird und sich nicht verteidigen muss, fällt es ihm viel leichter, seinen Anteil an dem Problem zuzugeben.

Dieses Kapitel wäre ein Schuss nach hinten, würdest du diese Information dazu verwenden, statt der eigenen Muster die deines Partners zu analysieren. Lass es sein! Alle Bemühungen in diese Richtung sind zum Scheitern verurteilt. Die Kraft, deine Beziehungen zu verbessern und zu bereichern, kann nur aus der eigenen Selbsterkenntnis erwachsen.

9

Hüpf´ nicht gleich ins Bett!
Die Acht-Tage-Regel

Wie ich schon am Anfang des Buchs sagte, verfehlt eine Frau nie ihre Wirkung auf Männer, wenn sie ihre Sexualität bejaht und die körperliche Beziehung zu einem Mann wirklich genießen kann. Eine echte, tiefe Freude an deiner Sexualität, an deinem Frau-Sein ist eines der Geheimnisse, das Interesse eines Mannes zu erregen und auch zu erhalten.

Damit rate ich aber keineswegs dazu, mit jedem Mann ins Bett zu hüpfen, mit dem du dich verabredest. Im Gegenteil – du solltest nicht zu früh Sex haben, egal, ob du 25, 45 oder 65 bist. Mein Rat stützt sich dabei nicht auf irgendwelche religiösen, moralischen oder gesundheitlichen Erwägungen – das ist nicht mein Gebiet – sondern auf meinen Erfolg bei der Beratung von Menschen, die eine langfristige Partnerschaft suchen.

Zu früher Sex hat mehr Beziehungen an einem guten Start gehindert als jeder andere Faktor. Selbst wenn du auf ein gelegentliches Sex-Abenteuer aus bist: praktiziere das nie mit einem Mann, mit dem du eine langfristige Beziehung haben möchtest, weil du damit wahrscheinlich alle Chancen auf diese Beziehung zunichte machst.

Der Hauptgrund, weshalb sich zu früher Sex negativ auf eine neue Beziehung auswirkt, ist das, was ich die „Intimitätslücke" nenne. Es ist die Kluft zwischen dem Grad an emotionaler Vertrautheit und körperlicher Vertrautheit, die du bei jemandem empfindest, den du eben erst kennen gelernt hast. Diese Intimitätslücke ist von Verwirrung („Wo stehe ich?") und Erwartung („Wann werde ich ihn wiedersehen?") charakterisiert. Sie ist der Grund für das „Morgen-danach-Syndrom", für die Verlegenheit und Peinlichkeit, die man oft fühlt, wenn man neben jemandem aufwacht, der praktisch ein Fremder ist.

Wenn du mit jemandem ins Bett gehst, egal in welchem Alter, entsteht die Erwartung (zumindest wirft es die Frage auf), dass es sich um eine Beziehung handelt. Doch diese Erwartung ist unangemessen, wenn du jemanden erst kurze Zeit kennst. Sie setzt beide unter Druck. Auf dieser Stufe ist die Verbindung zwischen euch einfach zu zerbrechlich, um diesem Druck standzuhalten. Stattdessen erstickt sie das Wachstum und die Entwicklung, die sonst ganz natürlich passieren würde. Das Resultat ist, dass die Beziehung schon im „Knospen-Stadium" gekappt wird.

Wegen dieses Drucks zieht sich einer von euch – im Normalfall der Mann – zurück. Er tut das nicht deshalb, weil er desinteressiert oder gefühllos wäre oder dich nur benutzt hätte. Er kann mit seiner Verwirrung und Erwartung nicht umgehen. Oder, wenn Sex nicht bewirkt, dass einer von euch gleich Reißaus nimmt, kann er euch zu schnell in eine Partnerschaft treiben. Das kann später in „Kauf-Reue" enden, wenn einer von euch merkt, dass die Beziehung trotz der anfänglich guten Chemie nicht funktionieren wird. Diese anfängliche Chemie ist ein unzuverlässiger Gradmesser für das Potenzial einer Beziehung. Wenn hinter der Chemie nicht mehr steckt, kann man das besser (und leichter) herausfinden, bevor man miteinander ins Bett geht.

Ich empfehle, mit Sex zu warten, bis du mindestens acht Verabredungen gehabt hast. Der Zweck des langen Wartens ist, dass du dir Zeit nimmst, eine Beziehung zu entwickeln, bevor du mit jemandem ins Bett gehst.

Sex ist nicht Beziehung

Viele Leute haben die irrige Vorstellung, sie hätten eine Beziehung, wenn sie zwei oder dreimal mit jemandem ausgegangen sind. Du kannst ganz vernarrt sein und das Gefühl haben, ihr würdet euch eine Ewigkeit kennen, aber glaub´ mir, ihr tut es nicht.

Immer und immer wieder erzählte mir eine Frau von ihrem „perfekten Mann", den sie eben kennen gelernt hatte. Alles teilten sie miteinander, redeten Nächte lang und erzählten sich Dinge, über die sie zuvor nie gesprochen hatten. Zwangsläufig endete die Geschichte mit einer leidenschaftlichen Nacht – und mit dem Nimmerwiedersehen. Wenn du zu schnell oder zu direkt vorgehst, wird kein Mann lang genug bleiben, damit ihr herausfinden könnt, ob dies eine Beziehung fürs Leben werden könnte.

Was also machst du bei einer dritten oder vierten Verabredung, wenn er dir wirklich gefällt? Du bist aufgeregt und angetörnt. Es ist spät, und er hat eine langen Heimweg vor sich. Dann tust du, was du deinen Kinder sagst: du wartest.

Aber warte nicht, bis du in seinen Armen liegst und hauchst: „Ich würde so gern mir dir ins Bett gehen, aber da gibt es ein Buch, und dort steht, dass wir bis nach der achten Verabredung warten sollten …" Wenn es nicht *deine* Regel ist, funktioniert es nicht. Du musst das Thema durchdenken und im Voraus klar entscheiden, was du willst, damit nicht in der Hitze des Moments deine Gefühle für dich entscheiden. Dich im Voraus in deinem eigenen Interesse zu entscheiden, wird dir Kraft zur Selbstdisziplin geben, wenn die Zeit kommt. Lerne, nein zu sagen. „Ich würde sehr gern mit dir ins Bett gehen. Ich möchte aber warten, bis wir uns besser kennen." Sei reif genug und triff deine Entscheidung im Einklang mit dem, was du dir wirklich wünschst.

Um es klar zu sagen: Die Regel lautet, mindestens bis zur achten Verabredung mit Sex zu warten; die Regel lautet nicht, bei der achten Verabredung mit ihm ins Bett zu gehen. Viele Leute haben auch nach der achten Verabredung nicht das Gefühl, sie hätten eine Beziehung. Wenn du den leisesten Zweifel hast, ob er dich danach anrufen oder dich wieder treffen wird, ist es zu früh. Solange du nicht sicher bist, ob du bereit bist, bleib lieber auf der sicheren Seite des Wartens.

Übrigens: Nur eine Verabredung am Tag zählt. Wenn ihr zusammen gefrühstückt habt, dann zum Mittagessen wart, gefolgt von Cocktails und Abendessen und anschließend ins Kino gegangen seid, hattet ihr nicht vier Verabredungen, sondern nur eine lange. (Trotzdem, netter Versuch.)

Sex ist nicht Liebe

Viele Frauen benutzen Sex, um sich einem Mann näher zu fühlen und als eine Art „Abkürzung" auf dem Weg zur Liebe. Zwar kann Sex ein Ausdruck von Liebe sein, doch ist er kein Mittel, um Liebe zu schaffen – so wenig, wie in einem teuren Restaurant zu essen ein Mittel ist, um gesünder zu leben. Wenn du Sex haben willst, weil du Nähe, Zärtlichkeit und Bindung suchst, ist dieser Weg normalerweise zum Scheitern verurteilt. Sex kann solche Gefühle zwar erzeugen, doch bald lassen sie nach und du fühlst dich noch einsamer und isolierter als zuvor.

Intimität, Liebe und Zuneigung müssen „verdient" werden. Es gibt keine Abkürzungen. Solange Intimität und Liebe nicht auf gemeinsamen Erfahrungen gründen, auf gegenseitigem Verständnis und Wertschätzung, haben sie keine Grundlage. Sie sind wie eine Fata Morgana, die verschwindet, sobald du dich ihr näherst. Frage dich, was Sex dir bedeutet. Wenn er dir „etwas" bedeutet, tue nichts, bis dieses Etwas da ist. Geh nicht ins Bett mit jemandem, um es künstlich herbeizuführen.

Zu früh miteinander ins Bett zu gehen und die Erwartungshaltung, jetzt in einer Beziehung zu leben, treibt einen Mann oft in die Flucht. Gleichzeitig betrügst du dich selbst (und den Mann) um das Vergnügen der Erfahrung, was Sex wirklich sein kann. Wenn wir denken, dass es Männern egal ist, wie sie „es" bekommen (wenn sie es nur bekommen), sind wir im Unrecht. Sie spüren, was passiert, und sie sehnen sich nach einer Frau, die die Sinnlichkeit einer sexuellen Erfahrung wirklich genießen kann – nicht jemanden, der Sex benutzt, um sie zu manipulieren. Wenn du dich auf dein „Ziel" konzentrierst, statt in der Empfindung des Jetzt gegenwärtig zu sein, wirst du das Einzige verpassen, das wirklich zu erreichen ist – das Jetzt.

Gelegentlicher Sex

Ich meine damit nicht, dass du zu lange auf Sex und Zuneigung verzichten solltest. In vielen Fällen ist gelegentlicher Sex eine notwendige Medizin, bis du eine echte Partnerschaft gefunden hast.

Meine Freundin Rena war am Boden zerstört, als ihr Mann sie nach 25 Jahren Ehe verließ. Zum Glück hatte sie eine erfolgreiche und fordernde Karriere, die sie nutzte, um sich auf unterschiedlichste Art zu verwirklichen. Sie konnte ausgiebig reisen, überall auf der Welt neue und interessante Leute treffen und dabei noch größere Leistungen in ihrem Beruf erzielen.

Drei Jahre nach ihrer Scheidung führte sie ein Leben, um das sie jeder ehrgeizige Mensch wohl beneidet hätte; sie genoss weltweit Anerkennung für ihre Leistungen, und sie sah auch noch phantastisch aus. Das einzige Problem war: Ganz offensichtlich ging es ihr elend, und sie hatte ihre Wärme verloren, die ich von ihr kannte. Ihre Fassade wirkte kalt und unnahbar. Als ich vorschlug, sie sollte anfangen, sich wieder zu verabreden, sagte sie: „Oh, ich bin nicht offen für eine Beziehung. Ich bin noch nicht über Steve hinweg. "

„Wer redet von einer Beziehung?", antwortete ich. „Ich rede von Verabredungen, z. B. Essen oder ins Kino gehen. Was du wirklich brauchst, ist ein Mann, bei dem du dich wieder als Frau fühlst. Ich spreche von Zuneigung, von jemandem, der dich berührt und von ein bisschen richtig gutem Sex. Ich fürchte, du wirst sonst schrumpeln, austrocknen und zerbrechen. Dir fehlt dieses Glühen, das jemand hat, der gerade frisch gev... worden ist."

Sie prustete vor Lachen – und aus dem Lachen wurden Tränen. Sie wusste, ich hatte Recht. Manchmal brauchst du keine Beziehung; du brauchst guten Sex, um deine Sinnlichkeit zurück zu bekommen, um dich attraktiv zu fühlen und zu verhindern, dass deine Suche nach einem Partner von sexuellen Blockaden wie Bedürftigkeit, Unsicherheit und Angst behindert wird.

Ich hatte Teilnehmerinnen in meinen Seminaren, die so ernst und angespannt bei der Partnersuche waren, dass ihr Eifer ihnen fast schon im Weg war. Mehr als einmal habe ich eine Reise nach Hawaii verordnet, um Spaß zu haben und sich „flachlegen" zu lassen. Um wilden, verrückten, abenteuerlichen Sex zu haben. Achte auf Sicherheit und sei vorsichtig, aber lass los, genieße und mach dir eine tolle Zeit. Oft ist das die perfekte Medizin.

Natürlich funktioniert das nur, wenn du dir das auch selbst zugestehst. Steht es deinem Moralempfinden entgegen, funktioniert es nicht. Ich möchte, dass du dich wohl in deiner Haut fühlst und nicht am Morgen danach hasst. Übrigens ist das absolut keine Entschuldigung, eine Affäre mit einem verheirateten Mann anzufangen. Du wirst dich nicht gut dabei fühlen, eine Rolle in einem Untreue-Spielchen zu spielen. Ich möchte, dass du in einem fairen Spiel Spaß hast, in Übereinstimmung mit einem anderen, ungebundenen Erwachsenen, ohne dass jemand verletzt wird.

Dabei musst du wirklich ehrlich zu dir sein. Oft antwortet die Frau einem Mann, der sagt, er sei nur an etwas Beiläufigem interessiert, sie sei derselben Meinung, obwohl das nicht stimmt. Sie stimmt nur zu, um den Mann nicht zu verscheuchen. In Wahrheit sucht sie nach etwas Ernsterem, und speziell bei diesem Mann.

Belüge dich nicht und belüge niemand anderen. Es funktioniert nicht, der Schuss wird nur nach hinten losgehen. Und am Ende bist du verletzt und beschämt.

Ich bin immer wieder schockiert über viele Singles jeden Alters, die die Bedrohung durch Aids nicht ernst nehmen. Meist sind es kluge, reife, gut informierte Leute, die dieses mehr als ernste Thema einfach ignorieren. Sie denken, ungeschützter Sex sei in Ordnung, weil die Bedrohung durch Aids auf sie irgendwie nicht zutrifft. (Ich kenne einen Gynäkologen, der sagt: Je klüger die Frauen, desto größer sei seiner Erfahrung nach die Wahrscheinlichkeit von ungeschütztem Sex!)

Ich empfehle, dass ihr, bevor ihr ungeschützt miteinander schlaft, zusammen einen Test macht, dann für mindestens weitere sechs Monate Kondome benutzt und euch schließlich nochmal testen lasst. Neuste medizinische Erkenntnisse belegen, dass eine Wartezeit zwischen den Tests nötig ist, um mit Gewissheit festzustellen, dass du nicht infiziert bist. Frage deinen Arzt, um zu klären, wie lange du warten musst.

Etliche Leute sagten mir, dass sie sich nicht wohl dabei fühlen, jemanden um einen Test zu bitten. Wenn ihr miteinander nicht vertraut genug seid, um über einen Aids-Test zu sprechen, dann seid ihr ganz sicher nicht vertraut genug, um miteinander ins Bett zu gehen.

Hör auf, Sex zu benutzen. Fang an, ihn zu genießen

Die landläufige Meinung besagt, dass Männer immer nur eines wollen – Sex. Soweit ich es beurteilen kann, stimmt das wahrscheinlich auch. Doch Frauen, die eindeutig andere Prioritäten setzen, benehmen sich trotzdem so – sie hüpfen zu früh ins Bett und haben in einer Beziehung ziemlich bald Sex.

Die meisten Frauen hüpfen nicht mit dem erstbesten Mann ins Bett. Aber sie tun es mit dem ersten Mann, an dem sie interessiert sind und von dem sie vermuten, dass er das Potenzial für eine Beziehung hat.

Man sagt, dass Männer Liebe (Romantik) benutzen, um Sex zu bekommen und Frauen Sex benutzen, um Liebe zu bekommen. Weder der eine noch der andere Weg scheint besonders ehrlich oder befriedigend zu sein. Es trifft nicht zu, dass die Frau Liebe machen und Sex haben will; sie möchte vielmehr das, was sie danach bekommen wird: Zärtlichkeit, Nähe, Bindung und das Gefühl, anziehend und begehrenswert zu sein. Was sie wirklich will, ist, dieser Beziehung auf die Sprünge zu helfen – eine „Partnerschaft" ist ihr wirkliches Ziel.

10

„Ja, ich will."

Der Endpunkt einer Beziehung, wie du sie finden und dauerhaft haben möchtest, ist Bindung und Ehe. Doch wie damit umgehen? Du hast wohl schon jede Menge Ratschläge gehört, wie man einen Mann dazu bringt, eine feste Bindung einzugehen. In vielen dieser „Weisheiten" geht es um den Umgang mit Beziehungsaltlasten, um das Grenzen-Setzen und natürlich ein Ultimatum stellen. Die meisten dieser Taktiken sind, meiner Erfahrung nach, wenig hilfreich und allenfalls Gags, die sich bestenfalls nachteilig, schlimmstenfalls aber zerstörerisch auf eine potenziell gesunde und dauerhafte Beziehung auswirken.

Was ich vorschlage, unterscheidet sich vermutlich von allem, was du bisher gehört hast. Das Feedback Tausender von Frauen, die diesen Rat gelesen und genutzt haben, zeigt, dass sie erstens nicht begeistert waren, als sie davon hörten, und zweitens dieser Rat ins Schwarze traf. Für mich persönlich ist er, weil Grundlage meines eigenen Erfolgs und des Erfolgs so vieler anderer, wirklich Gold wert.

Eine tolle, amüsante, wunderbare, erfüllende Beziehung entwickelt sich ganz natürlich zu einer festen Bindung. Zwei Menschen gehen aus, haben eine gute Zeit und möchten mehr Zeit zusammen verbringen. Das tun sie, sie unterhalten sich wieder gut, kommen sich näher und möchten länger zusammen sein. Es läuft noch besser, also unternehmen sie noch mehr, unterhalten sich noch besser, werden vertrauter. Geht das alles gut, kommen sie sich noch näher und möchten natürlich noch mehr Zeit zusammen verbringen. Das passiert auf ganz natürliche Weise, ohne jeden Druck – *wenn* die Beziehung gut ist, Spaß macht und erfüllend ist.

Im Gegensatz zur landläufigen Meinung braucht es für eine feste Bindung keine offizielle Erklärung. Sie existiert nicht, weil jemand sagt, dass sie existiert; sie ist da, weil sie da ist. Und es ist leicht festzustellen, ob sich jemand dir verbunden fühlt oder nicht. Du kannst es feststellen, indem du ihn einer Art „Berührungstest" unterziehst. Wie weißt du, dass sich jemand dir verbunden fühlt – er ist für dich da. Genau wie du weißt, dass dich jemand zurückweist, wenn er nicht für dich da ist. Wenn jemand für dich da ist, mit dir zusammen sein möchte, dir zur Seite steht, wenn du ihn brauchst, dann fühlt er sich verbunden. Ganz einfach, oder?

Keineswegs, nicht für uns Frauen! Wir fangen an, uns mit einem Mann zu verabreden, alles läuft prima. Wir verstehen uns hervorragend. Wir sind uns nah, vertraut; wir möchten weiter zusammen sein. Wir haben Zeit füreinander und alles ist Friede, Freude, Eierkuchen. Was tun wir als nächstes?

„Wir müssen über unsere Beziehung reden. Wohin, denkst du, führt sie? Meinst du es ernst? Wenn es dir nicht ernst ist, wann könnte es dir ernst sein? Was musst du wissen oder tun oder erledigen, bevor es dir ernst wird? Wirst du dich zu unserer Beziehung bekennen? Wenn ja, wann? Wenn nicht, was brauchst du, um dich gebunden zu fühlen? Was stimmt nicht mit mir? Was stimmt nicht mit dir? Du musst noch irgendwelche Altlasten aus deinen Beziehungen mit dir herumschleifen. Wir müssen daran arbeiten. Ich möchte nicht mit jemandem zusammen sein, der sich nicht gebunden fühlt. Ich bin nicht daran interessiert, nur Spaß zu haben und geliebt zu werden. Ich muss wissen, wohin das alles führt und wann. Du bist wahrscheinlich beziehungsunfähig und solltest dich unbedingt kompetent beraten lassen. So sieht´s aus!" Und zu guter Letzt die entscheidende Drohung: „Ich stelle dir ein Ultimatum. Wenn du dich nicht bis zum … zu unserer Beziehung bekennst, ist Schluss!"

Als ich aufwuchs, bedeutete Bindung, dass Männer im Festtagsanzug kamen und dich wegführten. Ich glaube, viele Frauen geben ihr Bestes, um diese Interpretation am Leben zu erhalten. Frauen wollen, dass Männer sich binden, es feierlich sagen, mit ihrem Blut unterzeichnen und ein Pfand hinterlegen. Frauen nehmen sich also einen Mann, der sich gebunden fühlt (bewiesen durch den körperlichen Beweis seiner Anwesenheit) und sagen ihm, dass er sich auf der Stelle verpflichten muss – was eigentlich besagt, dass er sich nicht gebunden fühlt. Richtig?

Eine Frau hat einen Mann, der sich schon gebunden fühlt. Sie reibt ihm wieder und wieder unter die Nase, dass er nicht bereit ist, sich zu binden – bis sie Recht behält. Frauen nehmen Männer, die sich schon gebunden fühlen, erklären diese Bindung für ungültig und quetschen die Verpflichtung aus ihnen heraus. Frauen sind Bindungskiller! Sie nähren Beziehungen? Machst du Witze? Mörderinnen sind sie! Wie Kreuzritter im Namen von Liebe und Partnerschaft lassen sie ihr Gefolge in den Trümmern der Beziehungen zurück, die sie zertrampelt und zerstört haben.

Bist du dein schlimmster Feind?

Frage ich Frauen, wie die ideale Beziehung in ihrem Leben aussehen sollte, antworten sie, sie wollten jemanden, der sie liebt und für sie schwärmt. Sie leben ihr Leben gerne, wünschen sich aber jemanden, mit dem sie tagtäglich sprechen und alles teilen können, einen, der sich um das kümmert, was geschieht, der sich um das kümmert, was sie gerade durchmachen, der sich zwar nicht unbedingt an allem, was sie tun, beteiligt, jedoch Interesse zeigt und sie unterstützt.

Ein weiterer Punkt, den fast jede Frau erwähnt: Sie will einen Mann, der sein eigenes Leben lebt und nicht davon abhängig ist, dass sie all seine Bedürfnisse befriedigt, damit er sich nützlich, produktiv und unterhalten fühlt. Obwohl „Partner" oft das Klischee ist, um den idealen Lebensgefährten zu beschreiben, habe ich festgestellt, dass die meisten Frauen stattdessen einen sehr guten Freund und einen aufmerksamen, leidenschaftlichen und fürsorglichen Liebhaber suchen.

Das meine ich, wenn ich sage, wir Frauen müssen uns klar werden, was wir *wirklich* in einer Beziehung wollen; nicht das, was wir programmiert sind zu wollen; nicht das, was wir mit zwanzig oder dreißig wollten. Wir müssen den Blick auf das Leben richten, das wir jetzt leben, auf unsere aktuellen Bedürfnisse und Sehnsüchte, und uns darauf entsprechend einstellen.

„Na ja, ich suche keine lockere Beziehung. Ich kann meine Liebe nicht einfach so hergeben. Nicht einfach ohne dass es ernst gemeint ist. Nicht ohne feste Bindung." Ich stimme damit überein und denke, es ist eine ziemlich reife Einstellung. Aber du kannst niemanden fest an dich binden, wenn er nicht will, und du kannst nicht herausfinden, ob sich jemand gebunden fühlt, wenn du ihn drängst, eine „Bindungserklärung" abzugeben.

Geschiedene wissen, dass ein Versprechen noch lange keine dauerhafte Bindung ausmacht. Eine Bindung entwickelt sich ganz natürlich; du musst Geduld aufbringen und ihr Zeit geben. „Aber ich möchte meine Zeit nicht mit einer aussichtslosen Beziehung verschwenden." Meine Antwort ist, wenn du Spaß hast, wenn du dich wohl in der Gegenwart dieses Mannes fühlst, wenn du liebst und dich geliebt fühlst, wie könntest du Zeit verschwenden? Und wenn es dir mit einem Mann nicht so ergeht, dann willst du dich bestimmt nicht an ihn binden!

Die Angst des Mannes vor dem Fehlschlag

In unserer Kultur wird Männlichkeit am Erfolg gemessen. Im Normalfall werden Männer mit der Einstellung erzogen: Man(n) muss sich beweisen und erfolgreich sein, um ein Mann zu sein. Für die meisten Männer gibt es deshalb nichts Schlimmeres als einen Fehlschlag. (Frauen mögen Fehlschläge ebenso wenig, aber sie zielen nicht so ins Herz ihrer Identität. Das weibliche Gegenstück ist, als hässlich zu gelten.) Erleidet der Mann aber einen Fehlschlag, gibt es die stillschweigende Übereinkunft, das nicht zu erwähnen. Aus diesem Grunde gibt es Euphemismen wie „Gesundschrumpfen", „Übergangslösung" oder „Freisetzen", um den Misserfolg eines Mannes am Arbeitsplatz zu übertünchen.

Ein großer Prozentsatz der allein stehenden Männer über 30 ist geschieden. Sind sie nicht geschieden, sind es ihre Eltern oder ihre besten Freunde oder ihre unmittelbaren Nachbarn oder ihre beiden Schwestern. Die Scheidungsrate liegt zurzeit bei über 50%, Tendenz steigend. Newsweek bezeichnete sie als Seuche. Und sie schwebt drohend über allen Single-Männern, auch wenn sie diese Erfahrung nicht selbst durchgemacht haben.

Mir sind die Begleitumstände völlig egal; eine Scheidung ist ein Fehlschlag. Die Leute spazieren nicht herum und sagen: „Wenn alles gut läuft, werden wir uns in zirka 10 Jahren scheiden lassen." So sehr ein Mann eine Scheidung rechtfertigen mag („Mir geht es jetzt viel besser" – „Für die Kinder war es das Beste" – „Wir haben uns einvernehmlich getrennt" – „Wir mögen uns immer noch, wir passen nur nicht zusammen"), tief im Inneren wird es als Fehlschlag registriert.

Wenn ein Mann ein oder zwei fehlgeschlagene Beziehungen verdauen muss, fängt er an, argwöhnisch zu werden. Und es kann sein, dass er wie ein gebranntes Kind an enge Beziehungen herangeht – wobei er nicht die leiseste Ahnung hat, dass es sich hier um die Angst vor einem erneuten Fehlschlag handelt. Auf der bewussten Ebene kann er eine Beziehung wollen und sich sogar heftig darum bemühen. Wenn er sagt, dass er das Familienleben schätzt, meint er es auch. Aber wenn sich die Dinge bis zu dem Punkt entwickeln, an dem sich eine Bindung abzeichnet, passiert etwas. Sobald sie nach einer „ernsten Sache" aussieht, flippt er aus. Und er weiß nicht warum.

Was passiert? Er wird an das letzte Mal erinnert, als es ernst wurde. Die Warnglocken schrillen. „Ich kann mir keinen Fehlschlag mehr leisten", denkt er. „Ich will auf keinen Fall nochmal (oder zum dritten Mal) der Verlierer sein." Das Problem ist, dass dieser Denkprozess unbewusst abläuft. Das Ergebnis ist ein Mann, der wie wild auf eine Beziehung losstürmt und sich dann plötzlich zurückzieht.

Ständig rufen mich Frauen an und erzählen: „*Er* war es, der eine Beziehung wollte. Er war es, der etwas Ernstes daraus machen wollte. Er war es, der einziehen wollte. Und nun steigt er aus."

Als ich Tony kennen lernte, machte ich meine eigenen Erfahrungen mit diesem Phänomen. Nachdem wir einige Monate zusammen waren, bat er mich, bei ihm einzuziehen. Ich war nicht sicher, ob ich das wollte. Mir gefiel das Vorstadt-Ambiente von Seattle, wo er wohnte, nicht besonders, meine Stadtwohnung gefiel mir besser. Aber ich gab nach, zum einen, weil er darauf insistierte, zum anderen, weil ich ihn liebte.

Das erste Anzeichen, dass irgendetwas nicht stimmte, war, dass der normalerweise so hilfsbereite Tony beim Auspacken nirgendwo zu sehen war. Als ich nach ihm suchte, fand ich ihn allein im Dunkeln sitzen. Ich fragte, was los sei. Er gab mir die klassische männliche Antwort: „Nichts."

Ich spürte plötzlich, was da vorging. Ich fragte ihn, ob er sich wie in der Falle fühle. „Ja", sagte er wie in Trance. Meine erste Reaktion war, ihn umzubringen. Die ganze Geschichte war überhaupt nicht meine Idee. Ich zog nicht einmal an einen Ort, der mir gefiel. Und er beschuldigte mich, ihn in die Falle gelockt zu haben! Ein guter Grund für einen Mord.

Zum Glück dämmerte mir, dass die Scheidung, die er kurz bevor wir uns kennen lernten, hinter sich gebracht hatte, hinter all dem steckte. Ich konnte mir vorstellen, wie furchterregend es für ihn sein musste, wieder einen gemeinsamen Hausstand zu gründen. Wir begannen darüber zu sprechen, was er gerade durchmachte. Ich äußerte die Vermutung, dass es vielleicht zu früh sei zusammenzuziehen, und bot an, wieder zurück in mein Appartement zu ziehen. Er antwortete: „Nein, ich möchte, dass du bleibst. Es war meine Idee."

Wir gingen Essen und hatten einen sehr romantischen Abend. Eine Woche lang entwickelte sich alles wunderbar. Dann saßen wir eines Abends im Wohnzimmer und unterhielten uns. Ich erwähnte den Plan, unseren Sommerurlaub gemeinsam zu verbringen. Plötzlich bemerkte ich, wie sein Blick glasig wurde. Er wirkte fassungslos und in sich gekehrt. Ich konnte praktisch sehen, wie sich das Wort *gefangen* über sein Gesicht zog. Für mich war das ganz deutlich, für ihn war es unsichtbar.

In den nächsten Monaten bemerkte ich, wenn wir über die Zukunft sprachen – über Urlaubsplanung, Feiertage, über irgendetwas, das nach fester Beziehung aussah – immer dieselben Anzeichen. Und immer, wenn ich sie bemerkte, fragte ich: „Fühlst du dich jetzt gefangen?" Er antwortete: „Ja, tu ich", und ich sagte: „Oh."

Jedes Mal, wenn die Anzeichen auftauchten, versuchte ich Tony zu helfen, zu verstehen, was in ihm vorging. Ich musste mich daran erinnern, Mitgefühl zu zeigen, zu versuchen, alles von seinem Standpunkt aus zu betrachten. Ich musste mich jedes Mal daran erinnern, es nicht persönlich zu nehmen und nicht verletzt zu sein. Dies war sein Prozess, nicht meiner. Weder ignorierte ich seine Angst, noch wurde ich böse oder defensiv oder versuchte, die Art, wie er sich fühlte, zu ändern. Ich verstand ganz einfach, was er durchmachte und dass er ein Recht auf diese Gefühle hatte. Nach vier, fünf Monaten hatte er es hinter sich.

Mit Rückzug richtig umgehen

Viel zu oft nehmen es Frauen persönlich, wenn ein Mann anfängt sich zurückzuziehen. Tut er das, interpretieren sie sofort, er würde sie nicht mehr so lieben wie früher. Sie fühlen sich verletzt. Das verschlimmert die Situation weiter, denn wie den meisten Frauen ist es auch den meisten Männern zuwider, einen anderen Menschen zu verletzen. Und die verletzten Gefühle der Frau können dazu führen, dass sich der Mann aus Schuldgefühl weiter zurückzieht.

So entsteht ein Teufelskreis. Die Folge ist oft, dass der Mann den Schauplatz verlässt – nicht etwa, weil er nichts mehr für die Frau empfindet, sondern gerade *weil* er es tut. Er versucht, dem Druck und den Schuldgefühlen zu entkommen, die er bei dem Gedanken empfindet, jemanden zu verletzen, den er mag.

Es ist also wichtig zu wissen, wie frau diesem Phänomen begegnen kann, wenn es sein hässliches Haupt erhebt. Denn das passiert nur zu oft.

Der erste Schritt ist, anzuerkennen, dass sich der Mann zurückzieht (vorausgesetzt, du hast die Beziehung nicht schon mit deinen Zielen und Forderungen zerstört und die existierende Bindung für ungültig erklärt). Der Mann wird seinen Rückzug leugnen, und wenn du diese Tatsache ebenfalls ignorierst, wird es nur noch schlimmer.

Der nächste Schritt ist, Mitgefühl für das zu empfinden, was er gerade durchmacht. Mitgefühl bedeutet, die Situation von seiner Warte aus zu betrachten. Viele Frauen klagen, dass sie geduldig und mitfühlend gewesen seien, sich jetzt aber um sich selbst kümmern müssten. Ich behaupte aber, euer Gejammer und die ständigen Forderungen sind das genaue Gegenteil von Mitgefühl.

Weit davon entfernt, echtes Mitgefühl zu zeigen, fühlen sich viele Frauen durch Männer, die sich so verhalten, verärgert und angeekelt. Ich gebe zu, ich hatte einmal ganz ähnliche Gefühle; doch nachdem ich das Problem aus jedem erdenklichen Blickwinkel untersucht hatte – meinen eigenen eingeschlossen – sah ich die Dinge ganz anders.

Ich bin mir sicher, dass ein Rückzug etwas mit der männlichen Integrität zu tun hat – und nahezu nichts mit Bindungsängsten. Ein Mann will sein Wort nicht geben, solange er sich nicht sicher ist, es halten zu können. Ein Blick auf die heutige Form der Institution Ehe zeigt, wie groß die Chancen sind, dass auch diese Ehe nicht halten wird. Und ganz sicher wird ein Mann sein Wort so schnell nicht wieder geben, wenn er schon einmal einen Fehlschlag verdauen musste.

Ich schätze Männer keineswegs als gefühlsarm oder gleichgültig ein und finde es im Gegenteil „sexy", wenn ein Mann Erfolg haben will und Fehlschläge hasst. Ich finde es sogar äußerst beeindruckend, dass einem Mann sein Wort und seine Integrität so wichtig sind.

Stell dir einmal vor, welchen Unterschied es machen würde, würden die Frauen das Zögern des Mannes von dieser Warte aus betrachten. Für beide Parteien wäre das offensichtlich viel konstruktiver. Der zweite Schritt ist, es nicht persönlich zu nehmen, wenn ein Mann so eine Nummer abzieht. Zugegeben, es ist schwierig, sich nicht verletzt zu fühlen, wenn der geliebte Mann anfängt, sich zurückzuziehen. Aber vertrau mir, du musst dich aus seinem Prozess heraushalten. Es geht nicht um dich. (Ich weiß, *alles* dreht sich um dich.) Wir haben hier einen Mann, der ausflippt, ohne zu wissen, warum er ausflippt. Doch irgendwie spürt er, dass das, was ihn ausflippen ließ, dich verletzt hat. Er hat gar keine andere Wahl, als dich zu verlassen.

Frauen neigen an diesem Punkt dazu, den Mann zu fragen: „Stimmt was nicht mit mir? Was gefällt dir nicht mehr an mir? Was verunsichert dich so an mir oder was muss ich ändern, damit du dich sicher fühlst? " Erkennst du das Muster? Erkennst du, wer hier Gegenstand des Verhörs ist? Alles, was du bei dieser Art von Fragen erwarten kannst, sind Antworten, die nichts mit der Ursache der Situation zu tun haben, Antworten, die du bestimmt nicht hören willst.

Schon bevor du deinen Mund aufmachtest, war der Mann überfragt, zu erklären, warum er zögert. Jetzt aber hast du ihm in deiner unendlichen Weisheit alle Gründe genannt, warum er sich unsicher fühlen muss. Du hast ihm gesagt, es läge an dir und deinen Unzulänglichkeiten. Jetzt hast du ihn überzeugt. Bestimmt verstehst du jetzt, warum diese Herangehensweise nicht funktionieren kann.

Ich sage den Frauen, wenn ihr es unbedingt persönlich nehmen und euch in die Schuhe schieben müsst, dann könnt ihr schon mal anfangen zu winken. Er wird nicht bleiben und euch verletzen. Wenn du unbedingt verletzt werden möchtest, nimm deinen Kopf und schlag ihn gegen die Wand. Aber quäle dich nicht dadurch, dass du ihm bei der Bewältigung seines Prozesses im Weg stehst.

Der letzte Schritt ist, dir selbst zu vertrauen (wieder einmal geht es um diese Qualität!) und deiner Beziehung zu vertrauen. Denn in Wirklichkeit weißt du, dass er dich liebt, und wahrscheinlich weißt du auch (durch den „Berührungstest"), dass sich dieser Mann an dich gebunden fühlt. Warum solltest du eine Bindung mit einem Mann anstreben wollen, wenn du dir seiner Liebe nicht sicher wärst?

Um in einer festen Beziehung Erfolg zu haben, musst du das Spielchen beenden: „Wenn du mich liebst, würdest du mir einen Antrag machen [mich heiraten, mir einen Diamantring kaufen] ..." Entweder liebt er dich oder er tut es nicht, und du weißt, was stimmt. Wie erniedrigend für beide, wenn es dafür einen Beweis braucht!

Sag ihm stattdessen, wenn er anfängt sich zurückzuziehen: „Es ist ziemlich furchterregend, oder? Aber wir haben etwas ganz Wunderbares zusammen, und du musst es riskieren. Und in Wirklichkeit hast du dich schon gebunden. Ich weiß, wir schaffen es. Unsere Beziehung wird funktionieren. Das Wasser ist herrlich – du kannst eintauchen."

Viele Frauen kommen in meine Seminare und hoffen auf Tipps, wie sie diese „emotional beeinträchtigten" Männer aussortieren können. Sie sagen: „Ich möchte sofort sehen können, ob ein Kerl Bindungsängste hat oder gefühlsmäßig nicht verfügbar ist. Ich weiß nicht, wie oft ich es noch ertragen kann, mich zu verlieben und mir das Herz brechen zu lassen. Bitte sag mir, wie ich solche Männer von Anfang an erkennen kann."

„Diese" Männer einfach abzustempeln, wäre zu billig und zu einfach. Du willst wissen, wie man sie erkennt? Ganz einfach – es sind Männer, und es sind so ziemlich alle. Es ist vorhersehbar, dass sich Männer wie die Wilden in eine Beziehung stürzen und plötzlich zurückziehen, sobald sie in die Gefahrenzone geraten, einen Fehlschlag zu riskieren. Sei darauf vorbereitet.

Weißt du, warum Männer zögern, eine feste Bindung einzugehen? Sie wollen die Versicherung, dass es sich um eine garantiert bombensichere, ausfallsichere, scheidungssichere Beziehung handelt.

Diese großen, risikobereiten Abenteurer möchten in so einer Situation unter keinen Umständen etwas riskieren. Den Grenzwert für Zurückweisung und Fehlschlag haben sie im Alter von 18 erreicht, mehr können sie nicht tolerieren. Das ist der Grund, weshalb sich Männer nicht mit Frauen verabreden. Sie wollen nicht mal einen Kaffee zusammen trinken gehen ohne die Garantie, dass es sich um die Eine für immer und ewig handelt.

Weder du noch irgendjemand kann einem Mann die Garantie geben, die er wünscht. Aber wie mangelndes Selbstvertrauen ausreicht, ihn zu verscheuchen, gibt ihm normalerweise deine Zuversicht und Unterstützung die Zuversicht, die er braucht.

Wenn ich in meinen Seminaren über diese Bindungsmuster geredet habe, lasse ich meinen Blick übers Publikum schweifen –ihr glaubt nicht, wie viele schuldbewusste Gesichter ich sehe. Und ich sage: „Tief atmen. Ihr seid keine schrecklichen Frauen. Wir alle tun es." Nach dem Seminar kann ich damit rechnen, dass mir mindestens drei Frauen mit dem Geständnis kommen: „Ich hab das auch so gemacht. Ich war vier Jahre mit einem Mann zusammen und ließ ihm keine Ruhe mit der Forderung, sich fest an mich zu binden, bis ich ihn verscheucht hatte. Ich sehe jetzt, dass er mir verbunden war. Was sonst hat er vier Jahre lang gemacht! Er ist nur meinem 'Programm' nicht gefolgt, und nun habe ich ihn verloren. Gibt es noch irgendeine Hoffnung?"

Mein Rat: Es ist einen Versuch wert. Einen Versuch. Es ist sehr schwer, eine Beziehung wiederherzustellen, besonders, wenn er auf deine Anrufe nicht reagiert. Aber es ist einen Versuch wert. Wenn du es schaffst, mit ihm in Kontakt zu treten, sei sehr, sehr behutsam. Sag nur: „Lass uns gemeinsam essen oder in einen Film gehen." Sag bloß nicht: *„Lass uns über unsere Beziehung sprechen!"* Trefft euch, um Spaß zu haben, um zusammen zu sein und, wenn alles wieder im Lot ist, wage es ja nicht, mit der alten Konversation anzufangen: „Bist du jetzt für eine Bindung bereit? Wann wirst du dafür bereit sein? Willst du dich jetzt wieder zurückziehen?" Wag es bloß nicht!

Denn er wird sich erneut zurückziehen und du wirst die zweite (und höchstwahrscheinlich letzte) Chance verlieren, mit diesem Problem wie eine erwachsene, reife Frau umzugehen. Diese Schritte zu kennen und zu befolgen, macht den Unterschied, ob man eine Beziehung tötet oder vertieft und fördert. Wir alle kennen die Frauen, die einen bindungsunwilligen Mann Jahre lang bearbeitet haben, und der dann vier Monate, nachdem sie sich getrennt hatten, eine andere heiratete. Du denkst vielleicht, dass die zweite Frau von der Vorarbeit der ersten profitiert hat, aber ich bin anderer Meinung. Ich behaupte, die zweite Frau wusste, wie sie mit seiner Angst vor Fehlschlägen umgehen musste.

Du musst dir dieses Kapitel wirklich einprägen. Ich empfehle sogar, das Buch mit einem Lesezeichen in diesem Kapitel auf den Nachttisch zu legen. Sonst vergisst du es und wirst wieder und wieder in die alten Muster hineingezogen.

Meine Freundin Cynthia rief mich aufgeregt wegen des neuen Mannes in ihrem Leben an. „Dieser Kerl ist erstaunlich, Nita, er ist völlig anders als alle anderen. Er will eine Beziehung. Wir haben darüber gesprochen und wollen genau das Gleiche. Wir haben sogar besprochen, wo wir zusammen ein Haus bauen wollen!" Alle Warnlämpchen blinkten bei mir auf, aber da ich ihre Seifenblase nicht platzen lassen wollte, erwähnte ich taktvoll, sie solle sich schon mal in Ruhe darauf vorbereiten, dass er in rund drei bis sechs Wochen anfangen würde, sich zurückzuziehen. „Nein, Nita, nicht dieser Mann! Er ist ganz anders. Er weiß genau, was er will und wohin diese Beziehung führen soll."

Ich hasse es selbstgefällig zu klingen, doch natürlich hatte ich Recht. In Woche vier tat Paul das Vorhersehbare. Cynthia war zunächst bestürzt, aber zum Glück vorbereitet. Sie ging wunderbar damit um, und inzwischen sind die beiden verlobt und planen die Hochzeit.

Deine vergangenen Fehler kannst du nicht rückgängig machen, aber du kannst ganz sicher aus ihnen lernen. Wenn du dieses spezielle Beziehungs-„Ballett" noch nicht durchgemacht hast, dann sei schlau und lerne aus den Fehlern anderer.

Wie Männer diese Information nutzen können

Den Männern rate ich, sie sollten versuchen, sich bewusst zu werden, was sie gerade durchmachen; sie sollten versuchen zu begreifen, dass es sich dabei um Angst vor Fehlschlägen, nicht um Angst vor einer Bindung handelt. Männern wurde schon von so vielen Frauen gesagt, sie hätten Bindungsängste, dass sie anfingen, es selbst zu glauben. Ich weiß nicht, wie viele Männer es waren, die sich mir als jemand, „der sich nicht binden kann" beschrieben haben. Sie lesen Bücher über ihre „Bindungsängste", sie machen mit ihren Männergruppen Wochenend-Trommel-Workshops in den Wäldern und versuchen so, darüber hinwegzukommen. Daran ist nichts auszusetzen; sie behandeln nur leider die falsche Krankheit.

Was ist mit Heiraten?

Die größte Anpassung, die bei der Partnersuche über vierzig auf dich zukommt, hängt mit dem Ziel deiner Suche zusammen. Wir sind mit vierzig so anders als mit zwanzig: Unsere Leben verlaufen anders. Unsere Interessen sind anders. Wir sind hoffentlich reifer, haben uns weiterentwickelt, haben andere Bedürfnisse. Trotzdem scheint sich wenig geändert zu haben. Die meisten Frauen wollen heiraten.

Wenn du vierzig oder fünfzig bist, gibt es wahrscheinlich nicht mehr viele Gründe zu heiraten. Ich sage nicht, dass du nicht heiraten solltest oder dass eine Ehe in diesem Alter keinen Sinn macht. Aber weder gibt es sehr zwingende Gründe, noch erscheint es besonders logisch zu heiraten. Tatsächlich sprechen, logisch gesehen, viele Gründe gegen eine Heirat. Die Finanzen werden mit zunehmendem Alter komplizierter, besonders wenn Kinder im Spiel sind. Und wahrscheinlich hast du nicht die Absicht, eine Familie zu gründen, also besteht auch keine Notwendigkeit zu heiraten, um ein Fundament für eine Familie zu schaffen. Persönliche Karrieren und Immobilien könnten schwer unter einen Hut zu bringen sein – was für eine Verabredung nicht nötig ist, aber für eine Ehe.

Trotzdem scheint es beim Zweck des Beziehungs-Spiels immer um feste Bindung und Heirat zu gehen. Wir werden von diesem „Ziel" getrieben, und trotzdem vermute ich, dass es nicht das ist, was wir wirklich suchen. Schlimmer noch, dieser Zwang sabotiert unsere wahren Bedürfnisse und Wünsche. Selbst wenn du dir eine Ehe wünschst – dich darauf zu konzentrieren ist der Grund für die meisten Fehlschläge in diesem Bereich. Frauen versuchen irgendwo anzukommen – in der Ehe. In der Zwischenzeit vernachlässigen sie die Gegenwart, den Ort, an dem ihre Beziehung lebt.

Wir Frauen können es nicht ertragen, zu lieben und geliebt zu werden *und* gleichzeitig diese Liebe womöglich zu verlieren. Aus Furcht fühlen wir uns gezwungen, unsere Gefühle an die Leine zu legen, statt zu riskieren, sie einfach zu verschenken. Wir trauen Männern nicht, aber, noch bezeichnender, wir trauen uns selbst nicht, diese Gefühle wachsen und blühen zu lassen. Und wir haben Recht, uns nicht zu trauen. Denn in dem Moment, in dem diese Gefühle auftauchen, fangen wir sie schnell wieder ein, um sie im nächstbesten luftdichten Tuppertopf zu konservieren.

Obwohl wir erklären, dass wir Institutionen hassen, dass uns automatisches, institutionalisiertes, starres Handeln zuwider ist, tun wir genau das. Und dieses automatische, gesteuerte, besessene Verhalten muss vor dem Richtertisch unserer echten Bedürfnisse und Wünsche untersucht und entlarvt werden, um zu sehen, ob unser Verhalten wirklich uns dient oder wir ihm.

Als erstes sollten wir uns die Frage „Warum eigentlich heiraten?" anschauen. Der ursprüngliche Zweck einer Ehe war, das Überleben der Art zu sichern. Die Männer sorgten für Nahrung und Unterkunft, die Frauen hatten Babies und kümmerten sich um sie. Die Überlegungen und die Rollen, die damit einhergehen, haben sich bis in die jüngste Zeit kaum weiterentwickelt. Im Idealfall schafft die Ehe ein sicheres, stabiles Umfeld für das Aufwachsen der Kinder – in Form von emotionaler, sozialer, ökonomischer, intellektueller und spiritueller Anleitung und Unterstützung.

Eine sehr gebildete, frisch geschiedene Frau schlug mir vor, ich solle dieses Buch benutzen, um eine Alternative zur Ehe für Frauen mit erwachsenen Kindern zu entwickeln. Sie sieht das Bedürfnis für eine lebensfähige, positive Alternative zur Ehe, die dauerhaft und auch gesellschaftlich und moralisch akzeptiert ist. (Eheähnliche Gemeinschaften sind heute weit verbreitet, werden aber immer noch mit einem Hauch von Missbilligung betrachtet.)

Ich verstehe ihren Standpunkt, doch scheint mir der Ansatz realistischer, das Ziel und die Struktur einer Beziehung selbst zu bestimmen und an die Bedürfnisse jedes Paares anzupassen, statt sie von anerkannten, aber veralteten Sitten und Gebräuchen diktieren zu lassen.

Meine Freundin Lauren heiratete mit 43 Jahren. Sie hatte bereits Kinder, einen guten Beruf, ein nährendes, erfüllendes Umfeld von Freunden und Familie, und sie war finanziell unabhängig. Sie hat einen wunderbaren Mann und genießt es, verheiratet zu sein. Als wir einmal darüber diskutierten, ob die Ehe als Institution veraltet sei, fragte ich sie, ob sie noch einmal heiraten würde.

„Unbedingt", erklärte sie und war sich ziemlich sicher, warum sie die Ehe einer unerklärten (oder sogar erklärten) festen Beziehung vorzog. Ihr wichtigster Grund für eine Ehe war, mit dem Mann, den sie liebte, eine „Familie" zu gründen. Lauren ist eine Frau, der es nie an engen familiären Banden mangelte, die aber großen Wert darauf legt, diese Bande auch auf ihren Mann und dessen Familie auszudehnen. Sie erinnerte mich daran, dass ein Familienverband nicht unbedingt Kinder einschließen muss, um sich als Familie zu erfahren.

Sie zitierte mein Buch *Schluss mit Beziehungs-Stress* in dem ich sage, dass deine Beziehung so ist, wie du über sie sprichst, oder dies zumindest einen starken Einfluss darauf ausübt, wie sie für dich ist. „In einer Ehe", sagte sie, „machst du durch dein Treuegelübde nicht nur deine Beziehung öffentlich; du richtest auch dein Handeln danach aus."

Sie zitierte mich auch, wie wichtig es sei, ein Umfeld zu haben, das eine Ehe unterstützt. „Klar, die Ehe ist eine Institution, aber das ist auch eine positive Sache." Obwohl Scheidungen sehr häufig sind, gibt die Institution Ehe eine Struktur, innerhalb der du besser arbeiten kannst als innerhalb einer eheähnlichen Gemeinschaft. Wenn ihr Streit oder schwere Zeiten habt, ist es viel schwerer, alles hinzuschmeißen, wenn du verheiratet bist. Die Grenzen, innerhalb denen du dich bewegen musst, helfen dir durchzuhalten und meist sogar eine noch stärkere Bindung aufzubauen.

An die Frage der Ehe sollte man mit Sorgfalt und den richtigen Motiven herangehen. Wenn du dich in Richtung des Ziels, genannt Ehe, gedrängt fühlst, halte inne und frage nach dem Warum und Wozu. Ich rate Frauen immer wieder, damit aufzuhören, sich Sorgen über das Wohin zu machen und lieber zu genießen, wo sie gerade stehen. Dann könnte frau vielleicht bald erkennen, dass sie schon an dem Ort ist, an den sie zu kommen hoffte.

Wie bring ich´s zum „Ja-Wort"?

Mein Rat ist: Heirate nicht, bevor du es nicht schon innerlich bist. Wenn Liebe und Bindung in deiner Beziehung fehlen, kann sie eine Heirat nicht herbeizaubern. Hast du sie aber, bist du verheiratet. Dann kannst du eine Zeremonie veranstalten, die diese Tatsache feiern. Ich persönlich glaube an die Ehe, weil ich denke, dass diese Art „an die Öffentlichkeit" zu gehen von der Gemeinschaft unterstützt wird. Beziehungen sind anstrengend; und dafür brauchst du alle Unterstützung, die du bekommen kannst.

Sich selbst überlassen, würden viele Männer ihre feste Bindung nicht durch eine Heirat besiegeln. Deshalb bleibt es oft den Frauen überlassen, den Impuls für diesen Schritt zu geben.

Viele Frauen sagen mir: „Wenn er mich liebte, würde er mich heiraten." Nicht unbedingt. Heirat ist keine bei Männern beliebte Sportart. Du wirst Männer selten sagen hören: „Mein ganzes Leben habe ich davon geträumt, meine künftige Frau zum Altar schreiten zu sehen. Schon immer habe ich mich darauf gefreut, mir einen Smoking und eine passende Fliege auszuleihen."

Nachdem ich mit Tony 18 Monate zusammen gelebt hatte, wusste ich, dass es Zeit für uns war, zu heiraten. Ich wusste, wir liebten einander und fühlten uns an diese Beziehung gebunden. Ich sagte: „Tony, ich glaube es ist Zeit, dass wir heiraten." Er sagte: „Aber ich will nicht." Ich antwortete: „Prima. Ich dachte im Juni oder September." Er: „Okay, sagen wir September." Letztendlich heirateten wir im Juli, weil wir auf einem Boot am Meer heiraten wollten.

Mein Vorgehen funktionierte, weil Tony nicht beweisen musste, dass er mich liebte oder sich verbunden fühlte. Ich wusste, er würde nie freiwillig heiraten, ich wusste aber auch, es hatte nichts mit seinen Gefühlen mir gegenüber zu tun. Es hatte zu tun mit der naturgegebenen männlichen Abneigung vor der Ehe. Um die Sache so durchzuziehen, musst du deiner Beziehung also absolut sicher sein.

Zu diesem Vorgehen hatte mich meine Freundin Claire inspiriert. Sie war darin eine wahre Meisterin – und das musste sie auch sein, denn ihr Freund Martin hatte die schwerste Heiratsallergie, die mir je untergekommen ist.

Claire und Martin hatten sieben Jahre lang zusammen gelebt, als sie ihm sagte, dass es Zeit sei zu heiraten. Er wollte nicht. Doch er stimmte zu, weil er sie nicht verlieren wollte. Die beiden baten mich, vorbeizukommen und bei der Planung der Hochzeit zu helfen. Als ich zur vereinbarten Zeit in ihre Wohnung kam, war Martin nicht zu Hause. Eigentlich ist er ein Muster an Pünktlichkeit, doch diesmal kam er eine dreiviertel Stunde zu spät.

Wir drei setzten uns mit unseren seitenlangen Listen und Notizen zusammen und begannen mit der Hochzeitsplanung. Martin stand auf, um etwas aus der Küche zu holen und kam nach zehn Minuten wieder zurück. Wir setzten die Besprechung fort. Fünf Minuten später stand er abrupt auf, um zu telefonieren. So ging das etwa eine Stunde lang.

Schließlich fragte ich Martin, was los sei. „Nichts", antwortete er. Claire sagte: „Du willst nicht heiraten, oder?" Eine kurze Pause, dann seufzte Martin und sagte: „Nein, will ich nicht."

Ich dachte, Claire würde weinen oder wahnsinnig werden oder am Boden zerstört sein, aber sie sagte nur: „Ich verstehe. Und was willst du dagegen tun?"

Martin sagte, er wolle spazieren gehen. Nachdem er weg war, wandte ich mich Claire zu und fragte: „Bist du jetzt total zerstört? Heißt das, die Hochzeit fällt ins Wasser?" Sie sagte: „Nein, es bedeutet nur, dass er keine Lust hat zu heiraten. Er hat auch nie Lust raus zu gehen und zu laufen. Er tut es aber trotzdem und ist hinterher froh, dass er es getan hat. Es ist genau das Gleiche."

„Fühlst du dich nicht unwohl, dass er nicht begeistert ist, dich zu heiraten?", fragte ich. „Natürlich würde es mir besser gefallen, wenn er mich in die Luft werfen würde, statt schreiend um sich zu treten", sagte Claire. „Aber ich weiß, er liebt mich und steht zu dieser Beziehung. Wenn er davon redet, nicht heiraten zu wollen, diskutiere ich nicht mit ihm. Ich schmiede weiter an unseren Plänen, weil ich weiß, dass das ein Prozess ist, den er durchmachen muss."

Wie sich zeigte, überwand Martin seinen Widerstand eher später als früher. Bis zum Hochzeitstag überlegte er es sich ein paar Mal anders. Aber die Hochzeit fand wie geplant statt; inzwischen sind sie seit 20 Jahren glücklich verheiratet.

Bei meiner Arbeit mit Hunderten von Männern habe ich nur sehr wenige getroffen, die heiraten wollten. Ich habe aber sehr viele getroffen, die trotzdem geheiratet haben. Ständig sagen mir Frauen, dass sie sich nicht mit etwas abfinden wollen. Ich sage dann immer, dass ich sie darin nur bestärken kann. Doch dann sehe ich, wie sie sich die ganze Zeit abfinden.

Allein leben, obwohl du dein Leben so gern mit jemand teilen würdest; die Freizeit mit Freunden verbringen, ohne zu lieben oder geliebt zu werden, während Körper und Seele sich danach verzehren – das bedeutet „sich abfinden". Viele Frauen haben längst aufgegeben, wonach sie sich sehnen. Sie finden sich mit einem Zweite-Klasse-Leben ab, mit einem Trostpreis.

Tu das nicht. Seit vielen Jahren arbeite ich mit Menschen, die auf Partnersuche sind. Und wenn ich aus den schwierigsten Fällen, die mir in dieser Zeit begegnet sind, irgendetwas gelernt habe, dann dies: *Du* kannst die Beziehung bekommen, nach der du dich sehnst.

Du weißt jetzt „das Geheimnis". Du weißt, welche Werkzeuge du entwickeln musst, um nicht irgendeinen Mann zu finden, sondern eine erfüllende, leidenschaftliche Liebe, eine Beziehung, die dich, wie der Filmcharakter Jerry McGuire sagt, „vollkommen" macht. Alles, was du noch tun musst, ist:
Geh raus und tu es.

Und sie lebten glücklich ...

Jeder weiß es: Man kann mit einem Verliebten nicht über Dinge sprechen, die er oder sie für die Zeit nach den Flitterwochen wissen sollte. Warte lieber nicht, bis du in einer Beziehung lebst, und informiere dich jetzt, wie deine Beziehung erfüllend und leidenschaftlich bleibt. Schließlich vermasseln die meisten von uns sofort ihre Beziehungen. Also lass uns darüber sprechen, solange du noch Sinn dafür hast.

Auszüge aus *Schluss mit Beziehungs-Stress*

Die meisten Leute denken beim Heiraten nicht daran, dass die Chancen ziemlich gut stehen, dass ihre Ehe nicht lange halten wird. Fakt ist, deutlich über 50% der Ehen enden in Scheidung, das heißt, es trennen sich mehr Paare als zusammen bleiben. Dennoch schreitet Paar für Paar zum Traualtar in der Überzeugung, ihre Ehe werde sich von den anderen oder doch zumindest von der letzten unterscheiden und von Dauer sein. Was aber tun sie, um kein weiterer Fall für die Scheidungsstatistik zu werden? Nichts.

Das Problem ist, dass man uns beigebracht und vorgelebt hat, nach dem Jawort brauche man nichts weiter zu tun.

Schluss mit den Mode-Mythen über Ehe

Die drei hartnäckigsten, heute weit verbreiteten Meinungen über die Ehe sind diese:

1. Man muss ständig daran arbeiten, um eine erfolgreiche Beziehung zu führen.

2. Beide Parteien in einer Beziehung müssen sich dem Erfolg der Beziehung verpflichten – anders gesagt: eine gute Ehe ist ein *Fifty-Fifty*-Geschäft.

3. Wenn sich Paare auseinanderleben, ist das ein ausreichender und legitimer Scheidungsgrund.

Angesichts dieser drei Meinungen ist es gut möglich, dass dich deine Beziehung eher bekümmert und belastet, statt bereichert und nährt. Das muss nicht sein. Das Buch beruht auf zwei radikalen Ideen, die den gegenwärtigen Mythen über die Ehe voll entgegenstehen:

1. Es braucht nur eine Person, um eine gesunde, glückliche Beziehung zu führen.

2. Was zu tun ist, hat mit Spaß und Spiel zu tun, nicht mit Arbeit.

Wenn du bereit bist, dich auf diese beiden Möglichkeiten einzulassen, können alle Herausforderungen und Probleme – selbst etwas scheinbar so Verhängnisvolles wie ein Sich-Auseinander-Entwickeln – nicht nur erfolgreich gelöst werden, sondern deine Beziehung sogar noch stärken und vertiefen.

Wer das Buch lesen sollte

Nach einem meiner Paar-Workshops kommentierte einer der Teilnehmer: „Dieser Kurs sollte eine Grundvoraussetzung für eine Heiratserlaubnis sein." Das Buch ist die Antwort auf dieses Bedürfnis und gibt die Sicherheit, nach der Frischverheiratete oder junge Paare suchen. Es ist aber auch für die wichtig, die sichergehen wollen, dass ihre lange Beziehung erhalten bleibt und sich weiter entwickelt und vertieft.

Deine Beziehung muss nicht erst in Schwierigkeiten stecken, damit sich das Buch für dich auszahlt. Steckt sie in Schwierigkeiten, könnte das Buch sie retten. Auch wenn du nicht an Scheidung denkst, sich deine Beziehung aber alt und müde anfühlt, wird das Buch sie wachrütteln und wieder aufregend und leidenschaftlich gestalten. Selbst wenn nur einer von euch das Buch liest und es sich zu Herzen nimmt, kann das entscheidend sein.

Dieses Buch ist kein Ersatz für eine Eheberatung oder professionelle Therapie. Es ist ein Führer für Paare, die die Fähigkeiten erwerben wollen, um ihre Beziehungen in Bestform zu halten. Wenn du es liest und die Übungen am Ende jedes Kapitels praktizierst, kannst du in deiner Beziehung Ergebnisse erzielen, die deine Erwartungen übertreffen. Du bekommst die Werkzeuge, um mit allem, was sich in einer Beziehung ergeben kann, gut umgehen zu können. Du bekommst alle Werkzeuge, um eine außergewöhnliche, leidenschaftliche und aufregende Liebe zu entwickeln, von der du nicht einmal geträumt hast. Und du kannst sogar eine Beziehung schaffen, die besser ist als damals, als ihr euch kennen lerntet – nicht eine, die „gut genug" ist, um überleben zu können, sondern eine Beziehung, die erfüllend und nährend ist. Und das, ohne einen neuen Partner suchen zu müssen.

Schau nicht auf das, was falsch läuft. Hol dir, was du brauchst

Die meisten Liebesbeziehungen beginnen mit zwei Menschen, die sich wie wild anhimmeln und anbeten. Aber mit der Zeit entwickeln sie sich bis zu bis dem Punkt, an dem das Paar nur noch über das sprechen kann, was in der Ehe nicht funktioniert.

Ich habe Paare gefragt, wie ihre Beziehung am Anfang aussah. Anstatt mir zu erzählen, wie verliebt sie gewesen waren, zählten sie mir all die Dinge auf, die falsch waren: „Wir waren sehr jung. Wir dachten, wir müssten heiraten, um zusammen leben zu können. Wir kannten uns nicht wirklich. Alle unsere Freunde heirateten, also heirateten wir auch." Aber das kaufe ich keinem ab. Ich glaube nicht, dass all die Leute so blöd waren, jemanden zu heiraten, den sie nicht liebten. Keine dieser Ehen wurde mit der Waffe erzwungen. Die Leute heirateten, weil sie verliebt waren – vielleicht unreif, aber trotzdem verliebt.

Die erste Stufe zur Wiedergeburt der Beziehung ist, sich zu erinnern, in wen und was du dich verliebt hast.

Vor einigen Jahren kamen Bob und Sharon in mein Seminar, ein Paar, das sich bitter beklagte, dass ihre Beziehung nicht nur nicht funktionierte, sondern tot war. Sie waren, sagten sie, weder bereit, sich zu verlassen, noch hatten sie Affären. Es war einfach kein Leben mehr in ihrer 18-jährigen Ehe. Ich bat sie, mir zu sagen, was in ihrer Beziehung klasse, was das Beste sei. „Wir gehen einander nicht auf die Nerven. Jeder von uns kann tun, was er will", antworteten sie. Das Wichtigste und Verbindende für beide war also, einander aus dem Weg zu gehen – das war das *Beste*, was sie über ihre Ehe sagen konnten!

Ich brachte sie dazu, etwas tiefer zu graben, um mir zu sagen, wie es war, als sie einander kennen gelernt hatten. Nach einigen Momenten des Zögerns und inneren Kampfes erinnerten sie sich, wie gut sie es einmal zusammen gehabt hatten. Sharon erzählte mir von Bobs Verspieltheit und seinen Streichen. Bob erinnerte sich, was für ein toller Kumpel sie gewesen war; sie war sehr sportlich gewesen, alles hatte er mit ihr unternehmen können. Bald kamen die beiden wieder mit den Qualitäten in Kontakt, die sie früher am anderen so anziehend fanden. Am Ende des Seminars hatten sie die so wunderbar anregenden und liebenswerten Aspekte des anderen wiederentdeckt. So viele, dass Bob damit prahlte, wie viel Spaß er wieder mit ihr haben würde – man konnte einfach sehen, wie die Leidenschaft in ihre Ehe zurückgekehrt war.

Der natürliche Gang der Dinge

In jeder Beziehung gibt es eine natürliche Entwicklung, genauer gesagt eine Rückentwicklung. Du verliebst dich, und alles an ihm und an ihr ist bezaubernd und betörend. Du liebst die Art, wie er mit seiner Familie umgeht, wie er dir zuhört. Wie sie ihren Kopf neigt, ist so hinreißend, du liebst ihre Ausgelassenheit. Du bist fasziniert und gefesselt von jeder Bewegung, jeder Berührung. Und du zeigst, wie sehr dich das alles berührt. Du sagst deiner neuen Liebe, dass er etwas ganz Besonders ist und so empfindsam. Du erzählst deinen Eltern und Freunden, dass sie die liebevollste und warmherzigste Frau ist, die dir je begegnet ist.

Weißt du, wie sehr einem Leute auf den Wecker gehen können, wenn sie frisch verliebt sind? Familie und Freunde finden sich damit ab, weil sie wissen, dass es wieder vorübergeht. Ganz sicher, das ist so. Und dann passiert irgendwas oder irgendeine Unvollkommenheit blitzt auf. Sie verspätet sich ständig oder er hockt zu viel vor dem Fernseher. Zunächst fühlt sich sogar diese Phase gut an – als ob ein Problem ein Zeichen dafür sei, dass die Beziehung ernst zu nehmen ist. Wenn dich Freunde fragen, wie es denn laufe, kannst du sagen: „Prima, aber es gibt ein paar Sachen, an denen wir arbeiten müssen."

Alles ist wie es sein sollte, bis auf diese „eine Sache". An diesem Punkt treffen wir eine Entscheidung: Was nötig ist, um alles wieder perfekt zu machen, ist Arbeit. Und bei dem Bemühen, alles wieder so hinkriegen zu wollen, wie *wir* es für richtig halten, rutscht die anfängliche Wertschätzung unseres Partners weit in den Hintergrund. Und eher oft als selten ist das der Anfang vom Ende einer tollen Beziehung.

Wegen der *guten* Dinge brauchst du gar nichts zu unternehmen, denn „wo nichts kaputt ist, gibt es nichts zu reparieren" – richtig? Also widmest du deine ganze Aufmerksamkeit dem *Problem-Ding*. Ihr diskutiert es, lest Bücher darüber und sucht den Rat von Freunden. Unterdessen richtet ihr die Aufmerksamkeit immer weniger auf die tollen Qualitäten, derentwegen ihr euch Hals über Kopf ineinander verliebt habt, die Gründe, weshalb ihr geheiratet habt. Es scheint da eine stille Übereinkunft zu geben, dass ihr dem „Wie großzügig sie ist" oder „Wie empfindsam er ist" gar keine Aufmerksamkeit mehr schenken müsst. Diese Qualitäten sind prima; sie brauchen keine Korrektur oder Verbesserung.

Schließlich geben wir nur noch den Problemen Aufmerksamkeit. Und da die Probleme Aufmerksamkeit bekommen, sind Probleme alles, was wir wahrnehmen und erfahren. Die un-problematischen Dinge, in die wir vernarrt waren, in die wir uns so verknallt hatten, verschwinden wegen Mangels an Aufmerksamkeit in der Versenkung.

So gehen wir mit einer erfüllenden, nährenden, aufregenden Beziehung um – und töten sie. Fast jeder tut das. Beweis: Wie viele lebendige, leidenschaftliche Langzeit-Beziehungen kennst *du*?

Was du nicht liebst, verlierst du

Was nicht gewürdigt wird, ist nicht von Dauer. Wir kennen die Geschichte von der attraktiven Frau, die heiratet und dann ihr Äußeres vernachlässigt. Das übliche Geschwätz sagt, dass sie nur Wert auf ihr Äußeres legte, weil sie geheiratet werden wollte. Ich glaube nicht, dass das die Regel ist.

Die gutaussehende Frau, die sich pflegt und fit hält, entdeckt früh in einer Beziehung, dass ihr Freund oder Verlobter dies an ihr schätzt. Er macht ihr Komplimente wegen ihres Aussehens, wegen ihrer neuen Frisur oder wie toll ihr das Kleid steht. Sie blüht durch seine Aufmerksamkeit auf. Er zeigt seine Bewunderung – sie fühlt sich schön und geliebt. Und sie wird dafür sorgen, auch weiterhin gut auszusehen, weil er dem Beachtung schenkt.

Doch nach einer gewissen Zeit, vielleicht bald nach der Hochzeit, beginnt er, ihre Schönheit als etwas Selbstverständliches zu betrachten und beachtet ihr Aussehen nicht mehr. Er freut sich, sie am Abend zu sehen, macht ihr aber kaum noch Komplimente über ihr Äußeres. Eines Tages kommt sie mit einer neuen Haarfarbe nach Hause, und er hat nicht mal einen Kommentar dafür übrig. Bald darauf denkt sie, es ist auch egal, wenn sie den Jogginganzug, den sie den ganzen Tag trägt, einfach anbehält oder ihr Haar nicht so oft wäscht. Er merkt es sowieso nicht. Als nächstes vernachlässigt sie ihr Training – auch nicht so wichtig.

Sie treibt nicht mehr viel Aufwand für ihr Äußeres, es scheint eh nicht von Bedeutung zu sein. Und weil ihre Attraktivität nicht mehr wahrgenommen wird, bleibt für sie nichts von der ursprünglichen Freude und Anerkennung mehr übrig.

Nie wieder erwähnt er ihr Äußeres, bis zu dem Tag, an dem er feststellt, dass ihre Hüften an Fülle zugenommen haben. *Dann* wird er deutlich und sagt ihr, dass sie „ein paar neue Kotflügel am Chassis" hat. Lang, lang ist's her, dass er seine Bewunderung für sie in glühenden Komplimenten und aufmerksamen Bemerkungen zeigte. Und weil er dann lange nichts sagte und sie nun durch eine witzige Bemerkung kritisiert, ist da ein „Problem". *Er* hat die Schönheit verloren, an der ihm so viel gelegen war, *sie* hat ihren verständnisvollen, einfühlsamen Mann verloren (von den schmalen Hüften ganz zu schweigen).

Es ist ein knallrotes Signal, das warnend blinkt, wenn etwas einst Wunderbares in einer Beziehung dahinschwindet. Das ist der Weckruf, dass du deinen Ehepartner als selbstverständlich hingenommen hast. Sofortige Aufmerksamkeit ist jetzt gefordert.

Vor einiger Zeit war ich während einer Werbetour für mein letztes Buch zu einer Morgen-Talkshow in Houston eingeladen. Nach der Show kam der Produzent vorbei, um sich vorzustellen und mir zu danken. Dieser Mann war einer der aufregendsten und bestaussehenden Männer, der mir je vor die Augen kam. Als er mich fragte, ob er abends an meinem Seminar teilnehmen dürfe (*du machst Witze!*), sagte ich, ja natürlich. Später hinterließ er mir eine Nachricht, dass er es nicht pünktlich zum Seminar schaffen würde, mich aber anschließend gerne treffen und zum Essen einladen würde.

Als ich am nächsten Tag nach Hause kam, fragte mich mein Mann Tony, wie es gewesen sei. Ich sagte, dass ich mit dem Fernsehproduzenten zum Abendessen war und fast Probleme bekommen hätte. „Und wie war die Show?", fragte Tony. „Tony! Falsche Frage! Ich hab dir gerade erzählt, dass ich mit einem Mann zum Essen war und fast Probleme bekommen hätte."

Ich reise allein in der ganzen Welt herum. Ich arbeite mit Männern und treffe jede Menge Männer. Fast nie kommt mir einer zu nahe. Nicht, dass ich unattraktiv wäre. Ich sende nur nicht die Schwingungen aus, die dazu einladen würden. In Houston war das wohl anders.

Schließlich kapierte Tony. Und ich auch. Ich war in diese Situation geraten, weil er seinen Job nicht getan hatte: mir die Aufmerksamkeit zu schenken, durch die ich mich anziehend und begehrenswert fühlte. Ich brauchte das Gefühl, anziehend und aufregend zu sein und wollte einfach, dass Tony mir dieses Gefühl verschaffte. Darüber hinaus: Wenn Tony vergessen hatte, das zu tun, war es an mir, ihn ganz direkt darum zu bitten und nicht zu versuchen, ihn durch Flirten oder Schlimmeres daran zu erinnern.

Dies ist ein gutes Beispiel für die Art von „Problem", an dem wir hätten „arbeiten" können. Stattdessen sahen wir einfach, dass wir nur versäumt hatten, uns gegenseitig unsere Zuneigung und Wertschätzung auszudrücken. Keiner betrachtete es als „Arbeit", diese Qualitäten unserer Beziehung wieder zu beleben; und das ging schnell, war leicht und machte Spaß.

Solang es nicht zerbrochen ist – liebe es!

Würde es funktionieren, sich auf das zu konzentrieren, was in einer Beziehung nicht funktioniert – ich würde es für den Umgang mit den in Beziehungen unvermeidlich auftauchenden Problemen als Methode empfehlen. Aber es funktioniert einfach nicht! Es löst weder Probleme noch macht es die Dinge besser.

Ich kenne Paare, die seit vierzig Jahre zusammen sind und sich immer noch Dasselbe vorwerfen: Er kommt immer zu spät und redet nie ein Wort – sie gibt immer noch zu viel Geld aus. Jahre kritischer, konzentrierter Aufmerksamkeit haben die Probleme in keinster Weise gelöst, sondern eher verschlimmert. Die Probleme sind zum Kern dieser Beziehungen geworden, und jede Freude am anderen ist längst verkümmert.

Das Verhaltensmuster, einander als selbstverständlich anzusehen, kann sich schon früh in einer Beziehung breit machen. Tony und ich waren über ein Jahr zusammen, als er eines Abends von der Arbeit nach Hause kam, mich küsste und sich mit der Zeitung hinsetzte. Ich saß neben ihm und sah ihm beim Lesen zu. Nach ein paar Minuten nahm ich die Zeitung und legte sie zur Seite. Dann ich nahm seine Hand und zog ihn vor die Haustür.

„Das machen wir jetzt wieder", sagte ich. „Ich weigere mich, Abend für Abend damit zu verbringen, dir beim Lesen der Zeitung *zuzusehen*. Du hast das große Glück, mit mir zusammenzuleben, und wenn du diese Beziehung nicht als etwas Besonderes behandelst und sagst, wie glücklich du bist, wirst du sie nicht behalten. Jetzt komm noch mal rein und zeig mir, wie sehr du dich freust, mich zu sehen, und wie glücklich du bist, mit mir zusammen zu sein. Und bitte all das, ohne mir das Gefühl zu geben, ich sei nur ein Hindernis auf deinem Weg zur Zeitung."

Tony sagte mir später, dass er durch diesen Vorfall erkannte, was in seiner ersten Ehe passiert war. Für den Außenstehenden war Tony der nette Ehemann gewesen, seine Frau ein zänkisches Weib, und es war klug von ihm, sie zu verlassen. Tatsächlich aber hatte er seine Ehe als etwas Selbstverständliches betrachtet und sie auf dieselbe Art vernachlässigt, wie er in Gefahr war, es mit unserer Beziehung zu tun.

Das Tagesmenü

Geh mal in ein Kleinstadtcafé oder in ein Rasthaus. Dort ist in Kreideschrift auf einer Tafel das Tagesmenü beschrieben. Zum günstigen Festpreis bekommst du ein Hauptgericht – sagen wir mal Corned Beef und Kohl – mit vielleicht zwei Beilagen, einer Schüssel grünen Bohnen und Kartoffelbrei, Kaffee oder Tee und wahrscheinlich Pudding oder, wenn es sich um ein wirklich gutes Lokal handelt, hausgemachtem Kuchen zum Nachtisch.

Bestellst du das Tagesmenü, stimmst du der so beschriebenen Mahlzeit und dem Festpreis zu. Du kannst nicht Mais statt der grünen Bohnen, Reis statt Kartoffeln, Kuchen statt Pudding haben. Ich weiß, du denkst, der Kellner oder die Kellnerin könnten für dich eine Ausnahme machen, aber die Guten werden es nicht tun. Du nimmst entweder das angebotene Tagesmenü oder bestellst etwas anderes.

Jede Beziehung ist wie ein Tagesmenü. Wenn wir uns verlieben, nehmen wir das saftige Corned Beef und denken, dass es hervorragend ist. Corned Beef ist genau das, was ich will. Sehen wir aber einen Fehler oder eine Unvollkommenheit, sagen wir: Wenn ich doch nur diese grünen Bohnen tauschen könnte, wäre alles perfekt. Ich mag einfach keine grünen Bohnen. Also fangen wir an zu schmeicheln, zu drängen, zu locken – alles, nur um die grünen Bohnen loszuwerden.

Die Falle ist: Wir verbringen so viel Zeit damit, ändern zu wollen, was nicht zu ändern ist, dass wir nie in den Genuss des Hauptgerichts kommen. Statt die grünen Bohnen einfach auf dem Teller liegen zu lassen und das köstliche Corned Beef zu genießen, versuchen wir ständig, das Tagesmenü unserem Geschmack anzupassen. Wir lassen es zu, dass das Hauptgericht kalt und ungenießbar wird, während wir wie Kinder über das ungeliebte Gemüse jammern.

Statt die Vertrautheit und Nähe mit unserem Ehepartner zu genießen, verplempern wir kostbare Zeit und Energie, ihr mehr Pünktlichkeit und ihm mehr Geschmack beibringen zu wollen. Statt den Entschluss zu treffen, mit gelegentlichen Verspätungen zu leben und uns an dem Partner zu erfreuen, der uns liebt, nörgeln wir uns zum Scheidungsgericht. Wie es beim Tagesmenü keine Möglichkeit zum Tauschen gibt, gibt es meines Wissens auch keinen Partner ohne Makel. So wenig du die Zutaten des Tagesmenüs getauscht bekommst, so wenig kannst du das ändern, was dir an deinem Partner missfällt.

Ich halte dies für eine unserer größten Sünden in Beziehungen: Wir nehmen die wunderbaren Qualitäten unseres Partners so schnell als selbstverständlich hin und lassen sie verfallen und verdorren, weil wir sie nicht mehr wertschätzen. Zugleich verbringen wir ungezählte Stunden, Jahre und Jahrzehnte damit, seine oder ihre bescheidenen Unzulänglichkeiten ändern zu wollen, statt die Größe dieses prachtvollen Menschen zu bewundern und uns an ihr zu wärmen.

Sag, was gut ist

Fast alle handeln wir so – das ist die schlechte Nachricht. Die gute ist: Wir können das leicht korrigieren. Was unsere Aufmerksamkeit erhält, das bekommt unsere Energie und Kraft. Konzentrierst du dich auf Fehler, Macken und Unzulänglichkeiten, wachsen diese Schwächen. Konzentrierst du dich aber auf Stärken und Talente, wachsen diese Qualitäten. Dieses Prinzip lernte ich, als ich anfing, andere in Managementseminaren für Firmen zu trainieren, was ich einige Zeit mit viel Erfolg tat.

Meine erste Gruppe Trainees musste jeweils zwanzig Minuten vor der Gruppe stehen und üben, ein Seminar zu leiten, während ich beobachtete und sehr raffinierte und detaillierte Notizen auf mein Blatt kritzelte – die natürlich all die Fehler festhielt. Später erklärte ich ihnen, was ich an ihrer Arbeit zu bemängeln hatte, damit sie es verbessern konnten: „Sie sprachen nicht laut genug. Sie haben den Punkt nicht klar herausgearbeitet. Sie haben Arnies Frage nicht beantwortet."

Und trotzdem: Nach ein paar Übungsstunden konnten meine Trainees, statt besser zu werden, kaum mehr als zwei klare Sätze vor der Gruppe äußern. Ich war mir sicher, einen unfähigen Haufen vor mir zu haben, bat aber einen erfahreneren Trainer, bei meiner Sitzung zuzuhören, um mich zu vergewissern, dass ich eine langsame Gruppe vor mir hatte. Sofort sah er das Problem. Aber das waren nicht meine Trainees. Er erklärte, dass ihre Unzulänglichkeiten dadurch zunahmen, weil ich nur auf die Fehler und Ausrutscher hinwies. „Jeder hat Schwachpunkte, die zu verbessern sind. Das ist selbstverständlich", sagte er. „Doch wenn du an ihren Fehlern arbeitest, werden sie nicht besser."

Er ermutigte mich, meine Wahrnehmungs- und Kritikfähigkeit dazu zu nutzen, um die entgegengesetzte Wirkung zu erzielen. „Arbeite an ihren Stärken und sie werden aufblühen", sagte er. „Sie werden nie perfekt sein, aber wenn du ihre Stärken förderst, werden sie stärker. *Und schließlich werden ihre Stärken die Schwächen überragen.*"

In der nächsten Sitzung achtete ich darauf, den Trainees die Dinge zu sagen, die sie gut machten. „Es war klasse, wie du Joes Aufmerksamkeit geweckt hast. Du warst in der Materie bewandert, und dein Humor hat wirklich das Eis gebrochen." Der Unterschied war bemerkenswert: Die positive Wirkung war sofort zu sehen. Sobald sie etwas Selbstvertrauen gewonnen hatten und darauf vertrauen konnten, dass ich sie unterstützte und ihren Erfolg wollte, begannen sie bereitwillig, in ihrer Arbeit das in Ordnung zu bringen, was zu korrigieren war. Sie konnten meine Änderungsvorschläge annehmen und, statt zuzumachen, verbesserten sie sich und hatten Erfolg.

Das Gleiche trifft auf Paare zu, die meine Kurse besuchten. Wenn ich sie bitte zu beschreiben, in was sie sich damals verliebten, beginnen sie sich zu öffnen – und das oft nach einer langen Zeit der Verschlossenheit. Jeder Mensch fängt an zuzuhören, wenn sein Partner Dinge sagt, die lange ungesagt und unerwähnt blieben. „Er war der bestaussehende Mann, der mir je begegnet ist." „Ich wusste, sie würde immer ehrlich sein; sie strahlte eine unglaubliche Integrität aus." „Keiner konnte mich so zum Lachen bringen wie er." „Seine Abenteuerlust war ansteckend. Ich wusste, ein Leben mit ihm würde nie langweilig sein."

In dem Maß, wie sich der Ehepartner dieser Liebe und Wertschätzung öffnet und sie aufsaugt, geschieht, direkt vor unseren Augen, eine Veränderung: Er oder sie wirkt sofort anziehender und ist erfüllt von Freude und Leidenschaft. „Alte Ehekämpfer", die einfach vergessen hatten, dass diese Gefühle existierten, entdecken sie neu. Und wenn sie ihre Gefühle ausdrücken, wie damals, als sie sich verliebten, werden sie wieder quicklebendig und voller Energie.

Ich sage nicht, dass Probleme nicht existieren und keine Aufmerksamkeit brauchen. Doch wie schon das Beispiel meiner Seminarleiter-Trainees zeigt: Wenn es eine solide Grundlage an gezeigter Liebe, Bewunderung, Hingabe und Wertschätzung gibt, geschieht die Lösung und Korrektur von Problemen viel natürlicher und leichter. Nutze deine Aufmerksamkeit also dafür, das zu stärken, was funktioniert und was wundervoll an deinem Partner ist.

Rhonda Findling

Wenn Männer vor der Liebe flüchten

**Wie man mit Beziehungsneurotikern glücklich wird -
oder sie meidet**

ISBN 978-3-941435-14-8, geb, 232 S.   € 18,50

Daniel Allemann

Was Gott Adam und Eva nicht sagte

Liebe, Sex und Einssein - Die sieben Schlüssel zum Glück

ISBN 978-3-941435-33-9, 262 S. geb.   € 18,50

Rhonda Findling

Ruf bloß nicht an!
**Wie Sie Ihren Ex-Partner loslassen und stattdessen das
Leben genießen**

Viele Tipps, Fallbeispiele, einfühlsam und professionell!

ISBN 978-3-9808707-9-5, geb. 149 S.   € 13,90

Dorothee Döring

Familienglück im zweiten Anlauf

Chancen und Risiken einer Patchword-Familie
Fallgeschichten, Alltagstipps, Kontaktadressen

ISBN 978-3-941435-0-87, 149 S.   € 16,95

Isha Judd

Die Intelligenz der Liebe

**Was die Liebe behindert, was sie entfesselt und wie
sie das Leben tief verwandelt**

ISBN 978-3-941435-24-7, 200 S., geb.   € 18,50